大いなる自然を生きる

エチカと正法眼蔵をめぐって

藤本成男 著

大学教育出版

まえがき

自然とは何なのかをほんとうに考えることは、そのまま「生きる」とはどういうことかを身体を通して観取することである。この自然とは、決して対象としての自然ではない。あえて言ってしまえば、意識する意識しないにかかわらず「いのち」として息づいている力のことである。そういうことの重さが、「エチカ」からも、「正法眼蔵」からも読みとれる。スピノザは一七世紀のオランダに生き、道元は一三世紀の鎌倉時代に生きた。いずれも、世の中、世界のあり方について深く考え、さまざまな疑問を投げかけた。決して多くはないが、親しく信頼を寄せる人たちとの繋がりに支えられていた。スピノザは、社会から異端者としての生活を強いられ恵まれた立場ではなかったが、自身の生き方に誇りを持って生きた。その信念において共感していた友人が、群集に虐殺されるという出来事もあった。そのときの衝撃や憤りを通して、人間というものについて、深く思いを致すところがあっただろう。道元は、武士の力が定着していくなかで、権謀術数渦巻く貴族政治の圏内に生をうけた。高い教養を身につけつつもそこに世の矛盾を感じ取り、さらに幼くして母を失ったことでいっそう無常観を強くし、それらのことが彼の後の人生を大きく左右したことは間違いない。

何よりも、両者は優れた表現者であり、書き綴られた文言の端々に、人間が生きるということについて、真剣に思索するすがたがうかがえる。決して、分かりやすくはない。一方は、宇宙とそのうちに生きる人間の観念を体系的に述べるために、科学的事実、幾何学的証明方法、そして直観を用いる。もう一方は、仏教の歴史に於いて幾重にも蓄積されたさまざまな見解を、自らが体得した自覚的境地において、改めて表現し直そうとしている。それらは未開拓の表現手法であり、いきおい難解なものとならざるを得なかった。

「エチカと正法眼蔵をめぐって」と副題に示したように、すでに高く認められた哲学書あるいは思想書としてのそれらを念頭に置きつつ、そこにある共通のキーワードともいえる概念について、少し距離を取りながら考えようとした。したがって、本書はそれぞれについての専門的研究書ではないし、それを行うだけの力もない。浮かんできた大切だと思えることがらを、ともかく書き留めておこうとしたにすぎない。

これを書いていて、しきりにある映画作品のことが気になった。黒澤明監督の「生きる」である。癌のために余命少ないことを知り絶望に陥った主人公が、あることをきっかけに、腹の底から湧いてくる力を自覚しつつ、新たに生き始める。自ら幾多の困難に立ち向かい、精一杯の人生を生きたことを胸にかみしめ、その成果の一つでもある公園のブランコに揺られながら、大きな喜びのうちに、ひとり静かにことされる。「いのち短し恋せよ乙女、紅き唇あせぬまに…」。そのとき彼の口ずさむメロディが、もの哀しくもありまた、「いのち」、自然の大いなる力を存分に生かしきってほしいという訴え、願いとなって、いまも響きつづけている。

大いなる自然を生きる――エチカと正法眼蔵をめぐって――

目次

大いなる自然を生きる

―エチカと正法眼蔵をめぐって―

第一章　自然と生命

一　自　然

⑴　根源的自然

われわれはいまこうして生きているが、自分の意志や決意によってその生を何もかも操ることができているわけではない。脳が指令を出すことによって手や足を動かし、さまざまな行動をしているとしても、その指令を出しているのは必ずしも自分の意志や決意であるとは言えない。そこには、人間にとって不可知なるXとでも言うべき根源的自然、人間といわゆる自然とを分ける以前の何らかの作用が働いていることは確かである。

西田幾多郎は、主観と客観が分かれる以前の状態は精神即自然、意識即対象であるとして、それを純粋経験と呼ぶ。さらに「物来たって我を照らす」というが、いわば物になって物を見る、物と我が一致したところがすなわち自然なのではないか、という見方もできる。そこには物と我が一致して動く、自然の秩序ともいうべきものがあり、動かす源となっているものと、動かされるものが一つになっている。動こうとして動くのではなく、ただ動くべくして動いているという状況が考えられる。決して精神の外に自然があるのでも、意識の外に対象があるのでもない。

明らかに言えることは、個別が普遍の下にあって個別であることを忘れて、個別が個別だけで存立していると思い込むことは誤りであるということである。われわれの生は、自然の恵みとその掟のもとにおいてのみある。人間の知性なるものが自己と世界と自然とを認めるためには、それがいかに不十分、いかに不完全、いかに卑小なものであるかという事実を痛切に自覚したのがソクラテスの「無知の知」であり、すべてはそこから始まる。

そもそも人間は、自分では責任の取りようのない、自分では左右できない条件の中で生きている、とも言える。これを、「運命」ということもできる。少なくともわれわれはそのような、自分ではどうしようもない条件を背負って生きている。自然そのものの世界にあって、断念を迫ってくるものがある。しかし、それは必ずしも人間を縛るものとして、あらかじめあるのではない。むしろ、その条件に対してどのような態度で臨むかという姿勢を持ったとき、運命となる。だから、それ自体が善いものとも悪いものとも言えない。

一方で、われわれは世界をこのようなものとして認知し、それを動かしていると思っている。しかし、それは人間という生き物が進化の歴史を踏まえた上で、その結果として実践できている、ということである。いまこのように認知しているが、あるいは別様な認知の仕方もあり得たかもしれない。仮にそうだとしても、現に人間としてこのように認知し、まさにこのようにしか認知できないということは根本的事実である。例えば、眩しさは、私の意識に於ける体験として存在するが、この意識体験があらゆる存在の基盤である物質的自然からどのようにして生じてきたかは、ハードプロブレム（難問）とされる。あるいは、意識の自然則がなぜ成立するのかを問うたとしても、この宇宙はそうなっている、としか言いようのないものである。もしそこに意味を見いだすことになったとしたら、生体である自己が、それ以外の系と交渉し、自己の部分系を全体化することによって、特殊な系が自然の中に出現するとともに、それらの関わり合いの中で意味が発生したと考えるしかない。

生物もまた物質の集まりであり、真の意味で生きているのは物質の総体としての自然であって、各々の個体としての生命体とその機能は、それが分節化してとっている仮の姿であるという見方もできる。自然の中の高度なシステムとして人間を捉えてみた場合、私は自然の一部であり、自然史を負って生きている生命の力に基づいて、自然あるいは生命の大きな流れの中に位置している。人間の身体が思うに任せぬものとしてあるのは、逆にその秩序を外れては生きられないというところに原因がある。

とくに、人間にとって死は自然の根底にあり、死という現実を捉えることがまず先になければならない。細胞の死がもともと遺伝子としてプログラムされていることは、科学から見た「無常」の一面である。自然そのものを見るということは、生滅の世界を凝視することでもある。自然とは、産む自然であるとともに滅ぼす自然でもある。一方で、この現実の宇宙には、われわれがいま・ここにこうしてあること、そのこと自体が不可思議、神秘としか言いようのない仕方で存在するのも事実である。人間が、ときに、宇宙の設計者、ある意図を持った創造主を想定しようとするのも、この宇宙がまったく生命の存在に好都合なように仕組まれているとしか考えられないというのも、そこからくる。

人間の行動において、それを意識しないでも身体が機能しているのを見ると、無意識のうちに意図された純粋な自然がそこに働いており、潜在的に方向付けられているかのようにも見える。総合的視野ともいうべき、自然の流れに従い、宇宙の秩序に繋がっているような感じがするが、それは特異な心境とはいえない。また、自分自身の中に起こる自らコントロールのできない不可思議な思考や情動も、また自然のひとつのあり方として、自らを深く知る過程で、全体の中に統合されていくのを感じる。そこには、決して誰かの意志が働いているわけではなく、すべては自然法則の支配のうちにある。それを辿るのは人間の知性であり、宇宙・生態系・自然、そういう自然界の真理にその知性が接触している。自分というちっぽけな存在が、この自然と宇宙の中で生かされており、それは宇宙の営みと一体なのだということがわかる。

(2) 生命のリズム

人間一人の人生は、自然の長い生命の歴史からみればまさに一瞬でしかない。ときにふとした自然の音に、あるいは静寂に、自然の生命とともに呼吸する人間のありのままの姿を感じる。道元は「自己を忘」れることで「万法に証せ」られるという。「万法」とは「縁の力」である。言葉を換えれば、自分の命のおおもと、本分、根源のはたらき、自然のいのちと言ってもいい。個人と誤って考えられているものは、実は大いなる生命体系の一部分であるに過ぎない。自己と他己を超え出て、その宇宙的な生命体系と一つになること、これをニーチェは「人間の自然化」という。ここでは、自然の純粋概念は生命体系ということになる。

東洋では「自然さ」としての自然は決して内部に対する外部とは見なされてこなかった。自然は万象の根源的なエレメントであって、外部に位置づけられるようなものではない。パスカルの自己が無限の宇宙の中に投げ出されて行方も知れず漂う微塵となっているのに対して、道元の自己は、無限の宇宙の中に包み込まれてそれ自身無限の生命となっている。現実は、瑞々しく躍動する生命の世界であり、生き生きと自分の実在性を主張している。この生きた事物を、生きるがままに捉えるには、自然で素朴な実存的感動を深く感じるほかはない。杜甫の詩が好んで歌うもの、それは人間の生命力であり、人間の生命の源泉としての自然の生命力であった。彼は飲酒のときを生命力昂揚の時間として、甚だしく愛した。

白隠は「夜船閑話」に於いて、生を養い長寿を保つ秘訣は、身体と心のかたちを整え、型を練り、心を落ち着かせ、心に平安を満たすことが一番であると言った。身体と心が秩序正しく整然と働き調和したとき、健全なる生理活動を営むことができるのだとする。人類が生をうけて以来脈々と伝えられてきた生気は、臍下丹田に坐して内臓器官はよく働き、血液は円滑に循環するという。そこには、眼に見えぬ創造的生命力がある。それはわが内にも外にも満ちているエネルギーであり、自然そのものがもつ偉大な力のことを指している。それは、病に対する自然治癒力ともなる。

人間は自己を歴史的に創り出す主体であるが、どこまでいっても、自然の一部であることには変わりがない。深く静かに、そして長く息を出し続けることで、自分が大自然の中に生かされていることがわかる。呼吸というものは、われわれを自然に繋ぐものであり、それを通してわれわれは生きる力を受け取り、より深い生き方を探り、宇宙の真理を知るインスピレーションを得る、そういう生命現象である。それは、天地万物が宇宙や自然の法則に則って織りなす伸縮・開合しながら出入りする波動の永久運動リズムとなり、身体内部のみならず全宇宙環境とも交流・循環しながら発現・共振しているとも考えられる。

とくに、武道に於いては、実践智として反復継続的に蓄積され身体に記憶された身体知を重んじる。人は普通、宇宙や自然法則に基づく運動リズムを意識しない。しかし、ある状況に直面したとき、心の深層に蓄積潜在している智慧（記憶）が無意識裡に顕在化してくるのも確かである。

西洋でも、シェリングの「意識の根底に働く無意識自然」という構図は、治療的な力を有する自然への帰依感を謳い上げる方向を開き、フロイトの精神分析に見られるような、深層意識的次元における衝動的な自然による表層意識への支配という自然観の先駆となった。また、自然の力は盲目的意志として、人間に対して、衝動または情動として働くという思想は、啓蒙の主知主義に対する反主知主義的な立場を貫いたショーペンハウエルによって時代の前景に押し出されたが、このような思想はかなり古くからある。

スピノザは「自然が、延長の属性のもとで考えられようと、思惟のもとで考えられようと、われわれはなお秩序を、あるいは諸原因の同じような連結を見いだすであろう」という。宇宙あるいは自然全体とは、運動粒子としての最単純物体を基本的な要素とした無限に多くの複合体の有機的結合である。しかも、その複合物体にもその組織の複雑さの度合いによって、無限に多くの種類がある。いわば有機体としての自然がスピノザの宇宙であり、それはまさに生命のリズムを生み出している。例えば、脳のない生き物の中の事象には、われわれ人間がもっている情動のプロセスの本質がすでに含まれている。この能力は、一見単純だが非常に複雑な、遺伝子が授けたしくみの中にある。自然は問われることもなく、思考を必要とすることもなく、ただ自動的にいのちを調節し維持する手段を生物に授けてきたともいえる。それは、自然のいのちのリズムとして働きながら、一方で壮大な死滅過程を含むものでもある。

（3） 自然との一体化としての死

現実のこの宇宙に存在するすべての生命は、エントロピー増大の法則に従って、いずれ死に向かう運命を背負って生きている。生き物にとって死ほど確実なものはないが、死によってのみ新たな生が生まれるというのも事実である。生と死の循環こそ自然の摂理である。「生き物」とは、そこから「生」の場を限り取り、「死」によって回帰する自然の運動の一つにほかならないといえるだろう。人間は、深く死を思索することによって、自らが如何なる存在かを真に問うことができる。

あらゆる生命は土から出て土に還る。人間を生死の生成と消滅というカテゴリーで捉えてみるならば、一つの雲が消滅することは自然によって消されることであるように、一人の人間が死ぬことは何ものかによって消されることであるとも捉えることができる。自然との一体化の一面は、死の状態にほかならない。絶対の無である自然に帰ることが「死」にほかならないが、死は生物ばかりではなく、地球も、太陽も宇宙も、運動するすべてのものの中にかたちを変えて宿っている。

ビッグバンの瞬間から現在に至る時間のなかで作られたとされる自然を考えてみても、このような歴史が作ってきた過程が、現在の自然のあらゆる世界のなかにしっかりと記録されている。そのすべてはいのちといってもよいものであり、いつか必ず消え去る時が来る宿命にある。自然との合一は、反面でその中に呑み込まれることでもあるが、消えてなくなるわけではない。すべてが絶対の無に回帰し、その無に於いてすでに有が生まれている。動き続けることが生命の摂理であり、生命あるものはすべて死を免れない。しかし、それは自然の一部であり、自然あるいは生命の大きな流れのなかにある。個々には死ぬとしても、その深い部分、自然そのものともいえる部分は存在し続ける。死は単なる別れの時ではなく、自然のふところへ帰る出発の時でもあった。

本来人間は自然であり、それを別のものとして分けることはできない。人境一体、つまり自己と環境が一体にして不可分であり、万物はすべて平等に存在しているともいえる。自然は生きており、人間もまた、自然のいのちのリズムのなかで宇宙的秩序に合体し適合して存在する。自然から生まれ、自然に生き、自然のなかで死んで還る。日本古来の密教の行者が生死を左右する厳しい自然環境で修行しようとしたのも、人と自然が一体であるという観念を持っていたからにほかならない。また、修験道に於いても、自然と自分との間合い、距離感、それをもちながら、自分と一体のその自然といういのちの息づきが生み出す気配を感じ取ろうとした。それは、自然と交流し、自然のいのちに触れようとするものであり、自らを大自然と一つになって死を体験的に知ろうとする試みでもあった。

また、一遍にとっての名号とは、己を捨てて大いなる他者へ帰一することであり、その他者とは人格心であるよりも、むしろ自然をも含めた「場」「共同空間」のごときものであった。その自然というのは、一度無になりきること、神聖な無ともいえるが、そういうところを一度通過してこなければならなかった。それは宇宙・自然と一体化する境地ともいえる。道元が「山水経」で語っているのは、本来の面目であって、観照された自然ではなかった。それは「尽十方是箇真実人体」ともいわれ、そこでは主観と客観の二元対立の図式は超えられている。禅は腹部を限りなく大地に近接させ、ついには大地そのもの、自然そのものに帰せしめようとする。坐禅は、己ならざるものにおいてある自己を全面的に受容する姿だといえる。

しかし、絶対環境としての自然に対する不信感は、ときに死への恐怖として表れる。それは自力の生という在り方への執着の表れであり、それをどう相対化するかが問題であった。死を前にして、死が絶対的な世界への融合であるとして、不幸不慮のことと考えるのではなく当然のこととして捉えられるかどうか。もしそうであるならば、人間のはからいを超えた大いなるもののはたらき、絶対的救済の力をそこに感じることができるだろう。もはや自力ではどうにもならぬことを大いなるものに任せることによって、与えられた生存を精一杯生き抜くことができるのではないか。自然に、自らが囚われていた小さな我執が解けるのではないか。死はそもそも生き物にとって最初から織り込み済みのことであって、自然から生まれ、自然に生き、自然のなかで死んで還る、というのが人間のあたりまえの在り方ではなかったのか。その他にほんとうの生き方などあり得ないのではないか、ともいえる。とはいえ、そこには、そういう自覚がなければならない。

（4）自ずからのこと

古語としての「おのづから」には、「自然に」という意味と「万一、偶然に」という意味の両義性がある。確かに、思わぬ時に、予想外のかたちでやってくる死を万一、偶然のことと考えるのはしかたのないことだろう。しかし、宇宙的地平から見れば、それはごく自然なことであったと納得できる。人間にとって万一のこと、もしものことも、したがってあわれに悲しきことも、宇宙全体にとっては自然なことであった。宇宙全体にとって自ずからのことが、時に人間にとってはかないこと、万一のこととして受け止められるだけである。

道元に於いて、「みづから」が「おのづから」をどう受けとめ、思想をどう深めていったのかということが問題となる。つまり、「みづから」自己相対性を前提とし、それを否定していくところに「おのづから」という見かたは生まれる。「大悟を面受し心印を面受するも一隅の特地なり」（面受）とあるように、一隅に立ちながら、しかも瞬間瞬間に「おのづから」に宇宙に位置づけられて存在する。その限りにおいて、われわれは「みづから」の現実を生きつつ、「おのづから」の絶対に触れることができる。

道元のいう「自然成」というのは自ずから成るということであり、実際には「因を修して果を感ずる」ことである。「自然成」の「自」というのは、己のことで、己というのはすなわち汝のことである。つまり、四大五蘊からできているものを指している。それは結局、仏とも人間とも位の定めようのない真人を使いこなしているのであるから、我でもなく、だれでもない、それゆえに定まっていないところの自というのである。「自然成」の「然」というのは「ゆるす」ということである。言い換えれば、自ずからなるを、なるほどと頷くことである。事物をその自然本性にのっとってあるがままに理解し、生かしつつ、自己自身のほうは執着なしに、つまり自由自在に行住坐臥するということである。

在るものはどこまでも自ずからとして、自己の内に安らいでいながら、しかもその自己同一性はアトム的普遍性ではなくて、どこまでも変じていくものである。自己と自然が一であることによって、自己と自然が二となり、自己と自然が二であることに於いて、自己と自然が一である。正法眼蔵「渓声山色」に「自己のおのづから自己にてある、自己のたとひ山河大地といふとも所帰に罣碍すべきにあらず」とある。道元は、動いている自然そのものがほとけである、目に見える自然界のいたるところにほとけは現れていると考えている。山は山に非ず、山なり。私たちが見ている大自然の安定的な姿は、実は常に平衡に達しているわけではない。それは動的な平衡にすぎない。まさに自然は動いている。「自ずから」と「自ら」、一見相反する意味をもちながら、ともに、いま動き出そうとする「発生」に繋がっている。

山や川も自然だが人も自然である。人のすることも自然の表れである。勢いに乗るとか、思わずやってしまったとかいうのも、それを表している。道元のいう「云為」は、任運自然の営み、動作のことで、内側の催しに促されて、自然にやってしまうことだが、これは人間の意図を超えて自然の秩序に従うことでもある。他力は自力を否定するところから生まれるのであるから、意識的な努力、人為を捨てることに通じ、これと裏表の関係にある「自然」に結びつく。われわれの身体は思うようには動かず、意図せぬところへわれわれを連れて行く。解釈は絶えず裏切られる。万法すすみて自己を修証するとは、隠された秩序に脳のアンテナを合わせたとき、向こうから入ってくるもののことを言っている。知的思量を超えた自然からの声（不思量底）に開かれた脳の状態が非思量といわれるものであろう。道元は「自己の身心、および他己の身心をして脱落せしむる」という。

むしろ、自然の産物としての感情、例えば欲望・喜び・悲しみなどは、抑えつけるのではなく、その自然の力を人間にとってより有益な方向へと導き、人間をより大きな完全性へと高めるべきものなのである。自然の力によって受動の状態に陥った人間を、真に自己の存在を維持するための能動の状態へ転換させることができる。人間にはそういう力が具わっている。スピノザは、これを自分の存在を維持する力（コナトゥス）と呼ぶ。彼は、偶然的なものはないという見解を繰り返し、われわれが事物を偶然といってしまうのは、単にわれわれが事物の本質を知らないか、自然の因果的秩序を知らないだけだという。自然の内には偶然的なものは何一つなく、そうしようと思えば別の世界や別の法則・律法も選択し得ただろう君主のような神的意志のわざによって生み出されたのではないとする。

スピノザは神ないし自然が合目的的に行動するという観念を拒絶する。そのため、自然は間違うという観念も拒絶する。自然は外部をもたず、他のいかなるものからも影響を受けない。つまり自分の法則の中だけで動いている。自然の中にある万物は自然の法則に従い、そしてこの自然法則には外部、すなわち例外は存在しない。絶対的な神が存在しなくても、超自然的な奇跡は存在しないということになる。どこまで行ってもその外がない現実、それをスピノザは神あるいは自然という。したがって、存在しているすべての個体はそれぞれがそれ自体完全性を具えており、それがある場合に不完全といわれるのは、単に人間がもつ自分の一般観念、つまり「この個体はこうあるべきだ」という偏見と比較しているからであって、それぞれはそれぞれに完全なものとして、ただ存在していることになる。自然は自然にふさわしい場所を占め、自然にしか依存せず、自然自体が自然の原因であり、自然は自らを創造するものであるということを意味しているにすぎない。そこに超自然的存在としての神はいない。

(5) 神あるいは自然

プラトンは、制作にあたって作られるべきものの先取りされた姿をイデアと呼ぶ。これは、アリストテレスによれば、絶えず変化する感覚的事物、つまり生成消滅する「自然」とは異種の存在者であり、いわば生成消滅を免れた超自然的存在者である。そして、この世界のすべての存在者は、このイデアに由来する「形相」と、それとは別の由来をもつ質料との合成体と考えられた。存在を自然として捉える立場と、存在をイデアとして捉える立場は、「存在する」ということを「発現し現れ出る」ことと見る点では違いないのだが、前者があくまで現れ出て存続しつつあるその動きに目を向けるのに対して、後者はすでに現れ出たものが外からそれを注視するはたらきに対しておのれを提示するその姿だけに目を向け、これを超自然的存在に高めてしまう。

後のニーチェのギリシャ哲学批判は、ソクラテスの哲理は徳や正義の概念を極端なまでに聖化し人間の欲望の自然性とはまったく背反的なものにしているということ、プラトン主義の文脈に於いては、感覚的なもの（具体的存在）の背後にその本体として真実なものを想定しており、この二元論が本来一体のものであった世界を質料と形相に分離し、そのことで自然世界を生命のない無機的な物質としての合理的世界に再編したという点にあった。

そこでは、生の統一体としての自然という哲学が崩れ、それに代わる創造主としての神、被造物としての人間という位階的秩序が生じた。しかも、被造物としての人間はもはや自然と同等の存在ではなく、自然の上位にあって、自然を統治する資格を与えられていると考えられた。アリストテレスにあって生物の世界は、人間を頂点とするヒエラルキーを形づくり、それぞれの生物種は、人間も含めてそのヒエラルキー秩序の中で永続するものとされた。アリストテレスは、自然の解釈原理としてきわめて広い意味での生命力を考え、自然のすべての変化や運動が、それぞれある目的を実現する過程であると見る。これは、神を中心とする合目的的自然観であり、自然は人間の利用のために造られているという観念が浸透していった。アリストテレスの形而上学はキリスト教に取り入れられたが、聖書の啓示とは独立な理性的神学として保存された。この自然学に対し、ガリレイ、デカルト、ニュートンの自然学は、自然を力学的機械的に見るものであった。デカルトは、神が世界を一挙に創ったのではなく、物質を作りそれに運動を与えただけであって、その後は自然の運動法則によって現在のような世界が形成されたと考えた。

後のカント哲学では、神は決して対象つまり認識の対象になり得ない。この議論は二つの命題で表現される。一方では、われわれにとって神は自然の中には与えられていない以上、存在していないという命題、他方は、神はいかなる感性的直観にも対応していないのであるから、神の存在を何らかの純粋に知的な観念から引き出すことはできないとするものであった。カントは、人間的事実が非理性的流れに従っているように思われるということを認めながらも、それらの事象が自然の定められたプランに適っていると考える。しかし、神の意志が働いていると断言してはならない。それは単に、あたかもそのような意志が働いているように見えるだけである。そこには、意志による目的活動やその所産との類似物が見られるだけである。その意味では、自然の合目的性も、目的なき合目的性、あるいは意図なき合目的性といえる。

ヘーゲルになると、絶対者を内在的に考え、人類の歴史ばかりでなく自然の過程をも絶対者自身の展開と見る。さらに、現実界に於いて生起する一瞬一瞬の出来事を絶対者自身の顕現だとする。ヘーゲルの絶対者は主体であると共に実体でもある。シェリングでも絶対者は主観であると同時に客観でもあり、主観と客観の差異は質的なものではなく、量的なものにすぎない。自然は、目に見える精神であり、精神は目に見えない自然にほかならない。自然を、自然がそこに囚われているかに見える死せるメカニズムから救出して、自由をもって、いわば息を吹き返らせ、それ自身の自由な発展のなかへ移そうとするものであり、意識の活動性の根は、真の主観としての自然の活動にある。

スピノザは、自然の力について「理性からわれわれのなかに生ずる諸欲望と、その他の原因から生ずる諸欲望との間に、何の区別も認めることはできない。前者も後者も等しく自然のはたらきであり、また人間に自己の存続の努力をさせる自然な力の表現であるから」と言い、さらに「思うに人間は賢愚を問わず自然の一部分である。そして各人を行動へと駆るすべてのものは、この、あるいはかの人間の本性の中に現れている限りに於いての自然力に帰せられなければならぬ。実に人間は、理性によって導かれると欲望のみによって導かれるとを問わず、常に自然の諸法則に従ってのみ行動している」と言う。

いずれにしても、そこには自然を人間の一方的な働きかけの対象と見るのではなく、自然自体の能産性に定位して自然を捉えようとする視点がある。もともとスピノザでは産出物としての自然（所産的自然）と産出者としての自然（能産的自然）の関係がとりあげられる。「エチカ」では、ただ一つの実体を念頭に置いて、自然と神が実体的に同一であることが証明された。そこでは、自然はいわば転位され、神とその同一性は根拠づけられなくてはならなかった。スピノザでは、神と世界は二つの実体ではない。そこでは、キリスト教的な伝統と袂を分かって、超越的な神を退けて自然そのものに内在する能動的な一者だけを実体と見なす一元論に立っている。スピノザもデカルト同様に、物体界を無限の端的に等しい等質的な連関であると規定しているが、スピノザにとって物体は決して実体ではなく、精神と同様無限実体である一者に含まれる属性にすぎない。

二　生　命

(1) 生命をもって生きる

われわれは、生命をもって生きている。その生命を掘り下げていくと、いろいろなことに気づく。身体の細胞一つをとってみても、それが生命として機能するためには、それ自身が総体的なシステムの中で相互に連関し合って動いていなければならない。生命体のはたらきが意味をもった何かであるのは、生命体全体とのかかわり、生命体がもつ他の生命体とのかかわり、生命体が位置づけられる周囲とのかかわり、こうしたさまざまに複合した関係性のなかにおいてでしかない。生命の力は　物理・化学的な要素に還元するだけでは、なぜ生命に多様な秩序が生み出され、生命自身が自己展開しているのかを捉えきれない。そこにはもっと根源的な、徹底した生命の自己創出の力が働いていることは間違いない。

ソクラテスでは、いわば人間的プシュケー（魂）だけが問題であったのが、アリストテレスでは、プシュケーという語は、ゾーエー（生命）という語とほとんど同じ拡がりをもつようになった。ベルクソンでは、コンシアンス（意識）という語は、ヴィ（生命）とほとんど同じ拡がりをもつのに反して、サルトルでは、人間の意識だけに限定された。ユダヤ教、キリスト教では、魂も身体も、ともに神によって新たに造り出される。魂は生命原理であるから、身体が生きている間は働くが、身体の死とともに、魂も存在することを止める。魂が生命原理としての能力を持つのは、神が命に息を吹き込むからである。

ウィトゲンシュタインは、「哲学の問題は、そのこと自体について語ることができず、その所在をただ指し示すことができるだけである」というような言い方をするが、外側からは見えない自己、あるいは身体をもって、そのはたらきの下に生きていることが、生命をもって生きているということである。われわれが、自分では気づいていないときでも、欲望や執着というものが、実はわれわれの生命の根源から発しているということがある。生命として生きるということは、場合によっては、他の生命を押しのけて、それを踏みつけにして這い上がろうとすることでもある。

人間的な欲望もまた宇宙生命に繋がる。われわれのＤＮＡは生殖細胞を通して生きつづける。それは、幾世代もの歳月を生殖細胞を通して伝えられてきた。その起源は三六億年前の生命の起源に遡るともいわれるが、三六億年前のＤＮＡがそのまま伝えられている可能性はほとんどないとしても、遺伝情報が変化しながらコピーされているという意味では、生命はそのようにして連続してきたとも考えられる。われわれの一人ひとりも皆、いわば母親の胎内で十月十日、遠い祖先の悠久の歩みを「身体を張って」なぞり、復習しつづけてきた。それはわれわれの生命記憶となって、文字通り骨の髄までしみ込んでいる。それが自然の摂理であった。どんな生活もこの記憶によって向背自在の反応を示すのでなければ「個」の生命は片時も保たれるものではない。また、この性能は一代限りで終わるものではなく、それはすべての生物の祖先がかの単細胞としてこの地球上に姿を現した太古の昔から、延々と受け継がれてきたものなのである。そうだとすれば、個別化された各々の生命は、ほんの短い時間の預かりものにすぎない。それぞれの生命に固執するのではなくて、世代から世代へと受け継がれていく生命の持続にこそ、生きるということのほんとうの意味があったのではないか、とも思える。

生命としての人間、この素朴な視点に立つならば、生きようとするのが生命の本能であり、無意識の意欲であろう。命を保持しようとする必然的傾向、命の保持が生命の機能のバランスにかかっていて、それゆえ生命調節が行われているという事実がある。われわれが人間として生きるということは、生命のダイナミズムを生きることであるが、生命の場所は環境であり、生活の場所は歴史社会であり、人生の場所は人と人の間ということになる。したがってまた、われわれが生きるということは、互いに物件ではない人格として認め合い、呼びかけ、応じ合うことによってはじめてそれぞれに自分であり得る。しかるに、このことを支えている能力・身体・生命を、「私の能力・私の身体・私の生命」として囲い込み、自分の所有物であるかのように思い込んでいる。確かに自分の生命は自分のものだという考え方もまた、自然な響きを持っている。しかし、問題は、「自分のもの」という概念が、自由に用益し処分していい所有物、つまり所有財という概念と重なってしまうことにある。こうした発想も世の中ではありうることである。だが、「自分のいのち」というときの「の」という語を、所有の意味で捉えることには大きな問題がある。生命としての自己を掘り下げることによって、自己の存在の原動力たる生命そのものは、決してそのように閉じられたものではなく、おおもとに於いて、世界に向かって限りなく開かれているということに気づく。

(2) 生命の自覚

自分を知るとは、自分の根底にある生命そのものを自覚することであり、それはさらに存在の根本原理を知ることである。もろくもはかない人間は、一方でその根源を知ることによって生死を超える。変化流転を超越し固定したものとしてそれを見るのではなく、それらの変化やその多様性の下にある大切なことに気づく。泥沼のような現実を現実として成り立たせている根源的事実を知る。わが生命のなかに世界があり、世界のなかにわが生命がある。生命の一つひとつが、瞬時の生命を無限に豊かなものとして、無限に深く輝かせている。

死滅はわれわれから生きつづける可能性を奪ってしまうが、しかし、生きたということとそのこと、何かをなしたということ、そのなしたそのことを生きたという存在の事実は、死によって取り消すことはできない。長生きは生命あるものの等しく願うところであるには違いないとしても、他方で、「生まれたばかりの赤ん坊もすでに死に値するだけ十分に生きたのだ」という中世の哲人の洞察も、決して間違ってはいない。こんなちっぽけな命が生まれようが、なくなろうが、なんということはないと思われるかもしれないが、存在したものは、有名であろうと無名であろうと、善であろうと悪であろうと、小さきものであろうと大きな存在であろうと、とにかく存在したものは、今も存在する。生命をいたずらに引き延ばそうとする努力よりは、現在の一刻一刻に込められた生命を感得するというあり方を忘れることはできない。キリスト教では、「永遠のいのち」という表現をするし、仏教でも「法身」という言葉で、宇宙の根源的生命を指す。それは目に見えないし形もないが、この世界あるいは宇宙のあらゆる現象の源であり、究極的なはたらきをなす存在を表している。

われわれの生そして死が、宇宙や生命全体の流れのなかでどのような位置にあり、どのような意味をもっているのか、私はどこから来てどこへ行くのかという問いも、私の生の全体と死の関係に於いて、私という存在がこうした根源的生命に生かされてあることを自覚することを通して明らかになる。ときに、「いのち」という言葉によって物質的な「生命」と個体や物質を超えた「魂」とを含み込んだものとして表現されることもある。限られた身体的生命ではなく、魂をも含んだ「いのち」として、それは開かれた連続する宇宙にも、天地に広がる世界にも繋がっていくと考えられている。

ときに、現象世界を、その極限まで登り抜いた絶対的な地点から眺め直すとき、その先には、その現象世界は現象世界のままで、それを超えた新しい価値が発見される。そしてその新しい光によって、再びわれわれが生きている現象世界に於いて、生に対する根源的な希望が見いだされる。魂にとって、永遠の生命は望ましく、永劫の滅びは厭わしいとされるかもしれないが、仏教が理想とするのは寂滅であり、涅槃であったし、キリスト教では「我は生命なり。我を信ずる者は死すとも生きん」という宣告がある。そこでは、滅びは決して滅びを意味してはいない。

日本の古典劇、能の世界では、死者の視線に於いて生を映し出し、その生きた人の咲かせた花に、花々の命の色に、内側から光を当てる。月が月としてあり、山が山としてあるような、宇宙そのもの、自然そのものへと突き抜けたところに、それは可能であった。そこではそもそも、終わりもなければ始まりもない。そこまで、突き抜け見とおしえたとき、はじめて人間は人間であり、生命が生命としてあること、あったことが、像を結び現れてくる。空即是色の荘厳世界である。

それは、内在の方向に突き抜けること、すなわち、刻々と変わりゆく現象世界の根底にある、宇宙の根源あるいは根源的な生命とでも呼ぶべきものと一体であること、またそれとの繋がりが回復されているということでもあった。一方で、意味喪失の世界としてのニヒリズムでありながら、他方ではこのニヒリズムを最高の生命充実の世界へと内的に転換させる。ニヒリズムをおのれの生の一面として、おのれのなかに取り入れる。生命の連続性を対象化して独自の意味を与えようとする試みであり、人間を超えた聖なるものと交わろうとする上昇志向でもあった。

(3) 死を生きる

生命は誕生した時点で、すでにその細胞の中には死に至る細胞形成のプログラムが組まれている。細胞に於いて、生は生でありながら、生ではなくなってしまう。死が生を育んでいるともいえる。いずれにしても、生命の死を見据えることなしに、その表裏の関係にある生もまた捉えることができない。およそ六〇兆の細胞が、一年半をサイクルにリニューアルするという事実を、われわれは自分の生命のはたらきとして、しっかりと受け止めているとはいえない。生命体である私のなかで休みなく起こっている細胞の死。死によって促されている私の生。もしこのようなことに向き合うことができるとすれば、そのとき、死は活用に供される。死に流されるということもなく、死を自己のこととして受け止め、ひいては死を自己のものとする。つまりは、死に於いて自由となり、自在となる。もはや、死について、それを大自然の生命現象の一つとして肯定せざるを得ない。そういう意味で、人間的生命は何の特権も持たず、他の諸々の生命と並ぶ一つの生命、いずれは変形を被ってその統一性が解体されるに相違ない一つの生命であるということになる。

確かに、死ぬということは、この命が宇宙の生命に還元されるということでもある。死の遺伝子は一見、生命の連続性を断ち切ってしまうように見える。しかし、そうではなく、遺伝子として死が組み込まれることによって生命の連続性が不連続的に保たれる。つまり、遺伝子が真に利己的であるためには、利他的に自死的である必要がある。その点から考えても、人間は一人で生きてきたわけではなく、何かの力によって、さまざまなものの縁によって、生かされてきた。八〇年という自分の命を生きて生涯を終わるとしても、自分の命として生きていたと思っているだけで、大きな命として生かされていたということにすぎない。

死から生を捉え直すとき、宇宙に偶然に生まれた生命の必然として存在する死について、その意味を問うことを迫られる。ハイデッガーは人間を死への存在とした。われわれは、どの瞬間にも最期でありうる存在であるという。一瞬といえども止まることなく、生きそして死んでいる。刻一刻、生と死が表裏している。刻一刻、毎瞬が死に切迫され、死へと至る存在構造をもっている。それが人間のもともとのありさまなのであり、それが本来のすがたであった。死は、現存在においてまだ未済な何かのことではない。死は、現存在が現存在である限り、その存在のなかで差し迫るもの、しかし絶えず差し迫っているものであった。死は、決して遠くにあるものではなく、いわば日常的なものなのである。死の瞬間こそ、生命の標準時、ともいわれる。

しかし、その死は実体としてあるわけではない。あくまでも、この生命の大循環のなかでこそ死が意味をもっている。そこに於いて、自分のアイデンティティを問わざるを得ないのである。死滅が生命を贖い、その生命の獲得が同時に死滅を兌換するという、死と生をめぐるわれわれの身体の存在様式は、新陳代謝としての存在論的意味をもつ。諸行無常は、死と再生の相互矛盾的同時同一現象のなかでのみ、成立する。

生と死の問題を突き詰めていったとき、人間の心の底には、豊かな、深い世界が開けてくる。さまざまなものとの関係や無数に死んでいったものの存在によって成り立っているのがわれわれの生きているこの世界である。だとすれば、絶対的に有ることも、絶対的に無いことも、結局この時に於いて、大きな世界に於いて等しいのではないか、と感じられる。本能は悪でもなければ敵でもない。生命自身は生長、持続、エネルギーの蓄積であり、生命体系の一部分であると考えられる。その最中に於いては、すべては生命の息吹に包まれている。死んでいるとも言えるし、生きているとも言える。そのとき、死はもはや恐れるべきものではなく、すでに超えられており、時の一つひとつの刻みのなかに、超絶感あるいは絶対感を生きている。根源的な自己創出を生きている、とも言える。

(4) ほとけのいのち

中国仏教の精華といわれるのが天台、華厳であるが、ともに現実のなかに真理を見いだすという現実の絶対肯定論としての側面を持っている。天台では迷える凡夫がほとけをいのちとしての霊性を具有していると説き、華厳では凡夫は本来的立場からいえば、もともとほとけのいのちから出てきたものであると説く。個物は普遍的なほとけのいのちを本具するとみるのが天台、あらゆるものは普遍的なほとけのいのちの表現活動であるとみるのが華厳である。天台は凡夫の立場からほとけのいのちを見、華厳はほとけの立場から凡夫を眺める。さらにそれは、このままがほとけのいのちの現成であるという中国禅に繋がる。「平常心是道」という馬祖の思想も、その流れのうちにある。

正法眼蔵「生死」では、われわれの「生死」は実は「仏のいのち」であるとして、「ただわが身も心もはなち忘れて、仏のいへになげいれて、仏のかたよりおこなはれて、これにしたがひもてゆくとき、ちからもいれず、こころをも、つひやさずして、生死をはなれて仏となる」という。生まれたり死んだりするのは、「仏のいのち」にほかならない。その「生死」を粗末にすれば「仏のいのち」を失う。しかし「生死」に執着しても「仏のいのち」を失う。粗末にするのでもなく、執着するのでもなく、生死の動くままに自然に動くことができるならば、そのときはじめて、いのちをまっとうすることができる。はからいをもたないという受け止め方において、いのちを最大限に生かすことができるというのである。徹底した受動性、これを道元は「柔軟心」という。

道元が、仏祖の命脈、あるいは仏のいのちと呼んでいるものは、袈裟や嗣書という即物的なものや、洗浄・洗面という行為や、あるいは即心即仏という眼前端的なものにいたるまで、きわめて多様性に富む。これは仏のいのちそのものを体得する仕方には、種々の方面が挙げられるということを意味している。この仏のいのちこそ、師如浄のもとにおける身心脱落以来、道元が何よりも大切にしてきたいのちそのものであった。そもそも人は、この不生不滅のこのいのちを生き死にしているのであり、そこに徹することで「生まれること」に執着することもないし「死ぬ」ことを厭うということもない。不生不滅の法身には生き死にの沙汰がないともいわれる。死によっては、われわれをわれわれたらしめているいのちのはたらきが消えるわけではない。生まれることもなければ死ぬこともないというのはそういうことである。

いずれにせよ、そういう積極的な眼で生死を見ることができるならば、人生の一瞬一瞬が他の生きとし生けるものとともに、大いなるいのちを生きていることを自覚することになる。その結果として、無常を苦と見てしまうことを超えて、それを自然が教えている相互依存の関係性という側面に眼を開かせることになる。空即是色の空は、色即是空の空とは違う。それは、根源のいのちそのものでもある。したがって、ここで「いのち」といっているのは、抽象的な生命一般のことではなく、一人ひとりが生きているあいだに、われわれを支えつづけている何か、われわれが生きているといえることの根本にある何かである。

死は、現実に於いて辛く、哀しいできごとであるが、残されたものに無言のメッセージをいつも届けてくれる、そのメッセージでもあった。それこそが、いのちのはたらきなのだともいえる。そして、そのいのちは、いつもわれわれに何かを語りかけている。その声を聞けるのは、われわれのうちに生きているいのちが、すすんで自らの生き方を探り、それを求めて動こうとしているからである。愛する者を失った者にとって、身体を離れた愛する者の行方は心の眼ではっきりと追える。いのちは限られた身体的なものだけにあるではなく、もっと限りないものである。そのいのちは、いつも生きている。生きているのは、そのすがた、かたちであって、決してそのしかけ、しくみではない。死してなお人のすがた、かたちは鮮やかに残る。いのちが滅びていないからである。

(5) 生命活動のすがた

宇宙に存在するあらゆるものは、一つにつらなりながら、そのときそのときを絶対生命として生きている。人は、時は流れ去ると考えるが、実は宇宙の全体の一つらなりが動いていくのである。明日へも動き、今日へも動き、昨日へも動いていく。自由自在である。道元はこれを「経歴」という。われわれは、時の外に立っているのではない。自己と時は離れない。時を外から見るのではなく、時をその内から、より厳密には内にもあらず、外にもあらずというところから把握するとき、はじめて時は自己と不二なるものとして自覚される。そこでの自己はもはや時を対象化するような自己中心的な自我ではなく、脱自的な自己である。この脱自的自己と不二なるものとして非内非外的に自覚された時は単に一方向的に進行する不可逆的な時ではなく、可逆的な時である。そこでは明日から今日へ、今日から昨日へ、あるいは未来から現在へ、現在から過去へという遡源、遡及の方向を同時に含んでいる。ここに於いてはじめて時の経過ならぬダイナミックな時の経歴が成り立つ。個人と考えられている自己と他己とを超え出て、その宇宙的な生命体系と一つになる。無限の過去からの生命をいま・ここに実現している現在がある。無限の未来に直通して、現在がある。その長い過去以来、必ず生きた親から生命を受け継いで、いま・ここに生きている。

「わがいま尽力にあらざれば、一法一物も現成することなし」という言葉が「正法眼蔵」にある。自己に於いて力を尽くしていなければ、何ものもそこにはあり得ない。われわれが生きているということのうちには、まさにこの生きて働く力がある。そこまでに流れているすべての生命を抱き込みながら、またそれを背負って生きている。本人が自覚しようとしまいと委細かまわず、無意識裡に説明もなしに、ただただ働き、そのときそのときに最大限の能力を発揮している。

確かに、人間の能力には知性が与えられているのであって、知性のはたらきが生命の真実を明らかにするということはある。しかし、知性を働かせても、その知性によっては十分には届かないところがあり、それは言葉によって言い尽くしたつもりでも、まだまだ捉えきれてはいない。その捉え切れていないということ自体が、すでにこの生命の真実のうちにある、ともいえる。したがって、そのことが知性によって納得されるまで、知性は働かせねばならない。

己を是とし他を非とするのは、自己に固執することから起こる。自己を絶対化したところには生命のほんとうのところはわからない。道元は、「一切衆生」を、生きとし生ける一切の生命を有するものという意味に解しており、すべては発展し運動する生命体であると捉えている。「山水経」においても、目の前に広がる山水そのものに本来の生命が全うされていることを指摘する。人は山は動かないものとして見るだろうが、そこには草木虫魚を含めあらゆる生命の発散するエネルギーを受けながら、まさに山が私であり、私が山であるといってもいいくらい、すべては生命そのものとなっている。山そのものが生き、動いている。私が山を生かし、山が私を生かしている。

「而今の山水は古仏の道現成なり」。この世界は現在まさに私を含む世界であるから、私がいなければ当然成立することはできない。私がいない世界というのを、私が死んでしまった後の世界もしくは私が生まれなかった世界と考えようと、それはやはり私という観念に染汚した世界で、私がいないということをどのように言い換えてみても、この世界と私とは切り離すことができない。而今にあらざる山水はない。

「青山の運歩、および自己の運歩、あきらかに検点すべきなり。退歩歩退、ともに検点あるべし」「この参学は山の参学なり」。人間だけが営々辛苦して宇宙を明らめようと努力しているのではない。山は山として、同様に、努力している。人間の前に自己の悠久の、不断の歩みをしめそうとしている。それが生命活動のすがたであり、一般的な意味での言葉を尽くしても、それはただの言葉でしかない。あくまでも、天地一杯、そこに生命の躍動を感じ取るほかはない。

(6) 生命のはたらき

スピノザは、われわれの生命活動に神の内在を見た。目的因でなく、起成因を統合原理として立てようとすれば、精神と身体を統合する生命概念に着目せざるを得なかった。これは精神の統覚や身体の有機的統一に先立つ根源的な統一である。これを自然の生命的統一といってもよい。自然が、延長の属性の下で考えられようと、思惟の下で考えられようと、われわれは同じ秩序を、あるいは諸原因の同じような連結を、見いだすであろう、とスピノザはいう。延長の様態としての物体（身体）も、思惟の様態としての観念（精神）も、それぞれ自らの属性から同じ秩序、同じ必然性から生じてくる。つまり、観念の秩序と連結はものの秩序と連結と同じである。しかるに、われわれは、その本質が矛盾を含むことをわれわれが知らないようなもの、あるいはそのものが何ら矛盾を含まないことをよく知っていてもその原因の秩序がわれわれにわからないために、そのものの本質について何ごとも確実に主張し得ないようなものは、われわれには必然であるとも不可能であるとも思われず、それを偶然と呼んだ。しかし、生命活動はまさに、偶然ではなく、必然的なものとして行われているということになる。

人間は自己存在を保つために、意識的であれ無意識的であれ努力をしている。それが、精神だけに関係させられるときには意志と呼ばれ、それが同時に精神と身体とに関係させられるときには、衝動と呼ばれる。したがって、その衝動とは、人間の本質そのもの、自己の維持に役立つすべてのことが必然的に出てきて結局人間に、それを行わせるようにさせるところの本質そのもの、にほかならない。それがまさにわれわれの生命を動かしているのである。これは、その生命を保持しようとする必然的傾向、生命の保持が生命の機能のバランスにかかっていて、それゆえ生命調節にかかっているという事実を捉えている。

その活動は、受動する場合にも自己の本性を発揮しはするが、あくまでも他のものの作用を受けてその他のものがもっている能力との総体的な関係で発揮するだけで、自己の本性だけによるものではない。われわれは、われわれの本性と反対する感情に捉えられない間は、知性と一致した秩序に従って身体の変状（刺激状態）を秩序付け、連結する努力を続ける。われわれの本性と反対する感情、換言すれば悪しき感情は、精神の認識するはたらきを妨げる限りに於いて悪なのである。しかし、われわれの欲望も、食欲にせよ、性欲にせよ、自然の共通の法則に従う生理的な欲求に従うだけで、必ずしも人間自身がもっている知性に沿った結果を生むわけではない。

スピノザによれば、いま・ここに、こういう姿で生きているということ、そしてそのいま在る自己の姿は、神つまりは能産的自然の生命のはたらきを分有し、それを本質としてそこから自己のはたらきのすべてが生み出され、現象している。そのとき各自は、生命活動を行う上で自己の有に固執するように努める。それはそのものの本質によって規定され、それが与えられただけでそれから各自が自己の有の維持に努力するということが必然的に起こるのであり、他のものの本質に促されて起こるのではない。必然的にこうであって、別なふうにはあり得ない。われわれの身体の持続は自然の共通の秩序と諸物のしくみに依存する。なぜなら、そもそも神によって与えられた永遠の相の下での自己であり、その現象形態に過ぎないからである。

意識を有する人間は欲求と情動を感情として認識し、それらの感情は生命が脆弱であるという認識を深めてその認識を関心に変える。身体の変状を正しく秩序付け、連結する力によってわれわれは、容易に悪しき感情に刺激されないようにすることができる。なぜなら、知性と一致した秩序に従って秩序づけられ、連結された感情を阻止するに不確実で漠然たる感情を阻止するよりもいっそう大なる力を要するからである。生きる上で、感情について完全な認識を有しない間にわれわれのなしうる最善のことは、正しき生活あるいは一定の生活律を立ててこれを絶えず適用することである。

第二章　身体を生きる

一　身　体

（1）触るものと触られるもの

われわれの身体は、一方ではその現れの中心にあって生きられる身体であるが、他方ではそれが現れる環境にどうしようもなく属する身体でもあり、身体そのものがこのような二重の与えられ方をする。それは、例えば、触る手と触られる手の相互現象に見られる触覚の二重機能である。身体は自己のパースペクティブを離れて自由に飛び回ることはできない。眼で見ようとすれば、私の眼の視角からしか見ることはできないし、まして見ている眼は見ることはできない。それができるのは、鏡に映った己の姿を通じてでしかない。対象化される身体は、私の身体ではない。私は身体を持って生きているというとき、その意識は、身体から離れてそれをコントロールできるものではなく、むしろそれは身体的存在としての活動の一側面であるといえる。そして、人間が身体を持つということは、単に生物学的な意味で身体を持つということとは違う。また、知覚が受動で行動が能動だというわけではない。意識的と無意識的の側面を、あわせもつ。それは、私そのものであり、その能動性と受動性の一切である。精神や意識と呼ばれる狭義の自我と、普通に身体と呼ばれている狭義の身体、あるいはそのはたらきとしての感覚の根底には、それらの地平としての存在そのもの、あるいはそれと一体の身体的自己、広い意味での身体がある。

われわれが身体に具えているこのような構図こそは、われわれが生きていく上での大前提になっている。確かに、自分の身体は自分が動かしているように見える。ふだんそれを疑うこともないが、しかしよく考えてみれば、私の身体は地球大の規模でさまざまな物質と繫がっており、その物質循環のなかに完全に埋め込まれている。そして、そういう観点からするならば、どこまでが私の身体でどこからがそうでないと、簡単に言うことはできない。私の身体は地球大に広がっており、その内で物質循環を糧として生きているともいえる。それは、さらに宇宙空間にも伸びるのであり、それらがわれわれの身体を貫流しているということになる。私の身体は、それを現象するもののレヴェルで捉えても、すでに世界の全体に及んでいる。言い換えれば、宇宙領域も私の身体の内部にあるともいえる。私にとって宇宙空間は特別なものであらざるを得ず、それを超えたところに私の身体あるいは世界はない。

それでは、その私の身体を含んでいる世界とは何か。これについて、マッハは、自我や物体よりも根源的なものとして、諸々の感覚要素があるのみとした。それは、西洋近代の科学思想を主導した、主体が世界の外にあって世界を対象とし分割支配するという立場に、根本的な批判を加えた。マッハは実際は、感覚所与をより中立的で非関与的な「要素」という言葉で呼ぶほうを好む。マッハの見地は徹底した現象主義者のそれであった。世界は感覚に現れるものの総和である。もしこの世に物質存在が一切なかったとしたら、単に時間が計れないだけでなく、時間そのものが存在しないとマッハは考える。あるいは、もし宇宙中の時計が一斉に遅れたとすれば、それはもはや、遅れなどではなく、それが正しい時間になってしまう。このマッハの考えを相対時間と呼ぶ。マッハの哲学的世界観は、「要素一元論」の名で知られる。この要素一元論は、それ自体を論ずる限り経験的な現相主義の一種であって、とくに新しい世界観というほどのものではないが、そこには経験の基盤に戻ろうとする動きがあり、格別に検討に値すべき契機が見いだされる。

こういった観点から見ても、われわれが身体をもつということは、われわれが場所的な存在であり、環境規定的であり、さらには進化史的なスケールの時間枠のなかで生きており、私の能動性の領域を遙かに超えてしまっている。したがって、身体から発する欲望や情動を、私の自発性によって統御しようとしてもなかなかうまくいかないと感じるのは当然のことであると言える。同時に、身体を具えた生存としての自分は、人々の一員としての生理的・社会的個体でもある。世界もまたその身体を通して生きられるのであり、私の実存とは、そういう事実的状況を引き受けることで、それ自体意味をもたないものを意味をもつものにも、偶然的なものを理由あるものにもできるものである。世界は意識によって意味づけられる前に身体として存在する。身体であるとは、他なるもののうちで生きながら私であるというできごとであり、他なるもののうちで自己を所有することである。

(2) 流れる身体

身体が滅んで後も、心は消滅することなく別の身体に転移して存在し続ける、と古代インドの人たちは考えた。これに対し釈迦は、われわれの身体あるいは身体を構成している部分も恒常不変の実体ではないゆえに、そもそも我というものは存在しないのであると説いた。仏教では、かなり初期から要素還元主義的な立場に立っており、実体としての存在を解体して見せた。例えば、われわれは心というものがあると漠然と考えているが、しかし仏教の五蘊説によれば、心理現象はそういうものではない。いわば知・情・意、また受・想・行・識があり、それらが複合して生起するにすぎないとする。人間の個体も、実体として存在し得るのではなく、身体的・精神的諸要素の仮の集合にすぎないと考える。われわれが、何か自然についてあるいは身体について解釈をしたとして、それが必ずと言っていいほど裏切られるのは、身体性とはそういうものであり、いわば無常であるからである。

われわれは、見える身体の基礎に見えない身体、流れる身体をもって生きており、それによって生かされている。そこには、システムとしての自然が働いている。それがこの宇宙に於ける人間のほんとうのすがたであり、その配置のうちに心と身体の風景を見ている。いわば人間のもつ感性、能力によって、ものや人、そして環境とのかかわりを捉える。そのとき、心と身体は決して別々のものではないということがわかる。自身の身体は一人の身体なのではなく、すべてのものによって生かされており、それは言葉では言い表しがたいものであり、自己はもはや個別的自我としては成立しない。われわれはときに、外なる世界と内なる世界といった区別をするが、この場合内・外は一種の比喩ないし象徴的表現であって、心そのものを内部に位置づけることはできない。

例えば、呼吸の特質は、それが身心全体の状態の一つの表現であると同時に、身心の状態を変える手段でもある。自分が自分の身体でありながら、そのつどそこから脱出して、ものや人の間に出て行っており、呼吸とはその全体のことをいう。呼吸は、われわれを自然に繋ぐものであり、呼吸を通してわれわれは生きる力を受け取っている。いわば、環境世界と密接に連携しているのであり、それは多層の、幅広い接触を伴う。呼吸はいつも意識してするわけではなく、むしろ無意識的であるほうが普通である。そこでは主体的であることを否定することによってしか主体であり得ないということが起こっており、そのなかでわれわれは生きている。われわれが眠っている間も、身体は休むことなく脳の指令に従って、呼吸を通してわれわれを生かし、われわれを自己として守っている。感覚刺激がなく、身体運動もできない状態で、しかも暗闇のなかで脳はそのメンテナンスをする。そのとき、脳は、完全にメンタル、完全に身体的、完全に環境世界、というふうにして分離することはできない。脳の機構は身体に根ざしている。脳の機能は環境世界の文脈の中に位置づけられる。そして、身体の動きのほんとうの深い部分、いわば頭を使わない、より身体的な動きというものには、辺縁系が処理するリズムを基調とした脳のはたらきが大きく関わっている。そして、自分の身体のなかのリズムと、その場からくる情報とが結びついていると考えられる。

したがって、きわめてすぐれた身体の動きを示すからといって、それは必ずしも知識によって成り立つものであるとは言えない。むしろ、身体の中に記憶された身体知による。身体で覚えたことは忘れない。明るいコギトの下には、身体性と固く結合した暗いコギトの底層が隠れている。無意識的な注意の向け方から、身体を通して培った解決法の数々が条件反射的に試される。暗黙知として蓄えられたものを読み出そうとする。自然体に於いて、その深層に蓄積潜在する記憶あるいは智慧は、無意識のうちに顕在化してくる。そこに働いているのが、宇宙と人間を生かしている気であるとも考えられる。それは、人間の無意識の深層に潜在する一種の直観知能力である。

気と身体の状態は不可分のものであり、そこでは、身体と心の調整が行われている。気は人間の身体の内部を循環するのはもちろん、全宇宙的外部環境とも循環的に交流している。内外で、相互に交流しながら、一方が他方に共振するように働きかければ、両者間に同調・感心・共鳴が起こり、リズムの一体化・共時化が生じる。この気は、ときにその場に於ける相手との通路となる。それは、人と人との間にも出ていく。気の相において捉えることのできる自己である。そこには、身体に深く根ざし、身体活動の基礎となる知性が働いている。それは、ボディでもマインドでもない、いわば文化化された自然とでもいうべきものであり、文化の根源にしか見いだせないロゴスの一部、その深層に位置する欲望的な動きでもある。

(3)　尽十方界真実人体

身体を超えて心性は不滅だとして心を実体化することはもちろん、無常な身体に執着することは、仏法とはいえない。身心一如の立場からすれば、滅びるのは身体だけでなく、心もまた滅びる。しかし、滅びないといえば、心だけでなく身体も滅びない。滅びることと滅びないことが、必ずしも反対のことにならない。生死を解脱したところでは、生死が別々にあるのではなく、生死が一つになるところを生きていることになる。時間的には過去・現在・未来を分けるのではないし、空間的には身体的・精神的限界のなかに押し込められるのでもない。あらゆるものを自己の身体として、眼とし、手足として自由に躍動することができる。「尽十方界真実人体」とは、一切のわだかまりを解消した自在で融通無碍なあり方である、ともいえる。

身体は、世界への通路であり、世界の豊かさそのものである。自己中心的な吾我の心を離れたとき、身体が本来もっている豊かさが現れる。その豊かさとは、例えば、桃の花を見て突然得られた証悟の体験に現れている。そのとき、身体は桃花として世界となっている。有限な身体をもって生きているにもかかわらず、証は身体に妨げられることがない。すべては身体に表される、身体に表れる。修行とは、身体を痛めつけることでもないし、奇跡を起こす超能力を身につけることでもない。あたりまえのことをあたりまえのこととして、身体でわかることである。真の智慧を得るとは、自らの身心を調えることでもある。

「如人夜間背手摸枕子」という言葉がある。「夜中に」「手を後にして」「枕を探す」。この三つは、バラバラではなくて、一つに納まらねばならない。そうすることによって、この句の目指すところが頷かれる。身体全体が手となり、身体全体が眼となる。むしろ、手も眼もなくなって、ただ手のはたらきだけが身体となり、眼のはたらきだけが身体となる。そこに観音のはたらきがあると道元はいう。ものと身体の間には、もともと境界はなかったのである。それらすべては、ときに大地となり、ときに虚空となり、この宇宙に浮かんでいる。自他の共通の根拠を問うとき、全世界が私の身体であり、それ以外にはない。それを見ているのである。それが「尽十方界真実人体」であり、「われを排列してわれこれを見る」ということの意味である。

「法輪の転処は亘界なり、亘時なり。方域なきにあらず、真実人体なり、いまのなんぢ、いまのわれ、尽十方界真実人体なる人なり。これらを蹉過することなく学道するなり。たとひ三大阿僧祇劫、十三大阿僧祇劫、無量阿僧祇劫までも、捨身受身しもてゆく、かならず学道の時節なる進歩退歩学道なり」（身心学道）。

本人が自覚するしないにかかわらず、「なんぢ」も「われ」も「尽十方界真実人体」である「人」にほかならないというわけである。「尽十方といふは逐物為己、逐己為物の未休なり」（一顆明珠）というように、「尽十方」とは、眼前に広がる対象的世界ではない。自己と他者との関わりとしてある世界は、本来物を逐って自己とし、自己を逐って物とする、その止むことのない連続である。限りない客体の主体化と主体の客体化のすがたである。そこには一瞬の休止もない。はたらき以前のはたらきは、いかにうまく差配しようとしても手にあまる。どこかに中心を据えたとしても、「尽十方」のはたらきのなかでは脱中心化していかざるをえない。しかし、中心が無くなるわけではない。どこでもが中心であり得る。「尽十方界真実人体」としての身心・自己は固定的、実体的に統一されたものではなく、たえず他とのかかわりにおいて関係をもちつづけることによって成り立つ。自己組織化する関係的存在としてわれわれ自身を捉えれば、この両義性（主体性・客体性という両義性）は関係の本質であることが理解されるだろう。自己組織化においては、〈中心化〉は〈関係化〉と同義だからである。そして、われわれが縁によって生起すること（縁起ないし、依他起性）は、同時にわれわれが縁となって何かを生起させることでもある。受動・能動という両義性もまた関係あるいは縁起の本質なのである。

それは分かりやすくいえば、自は必ず他によって支えられ、他のはたらきかけによって生かされているということである。人と人との関係に於いても、人と世界の関係に於いても、人と宇宙との関係に於いても、必ずそのいろいろな絡み合いの中で、身体で生きている。身体は典型的な自然であり、逃れられない人間自身の自然であるということである。この無限大に広がる繋がりがすなわち、人が生きるということの意味なのである。

(4) 身体の本質

スピノザによれば、精神と身体とが平行関係にあって対応するのは、それらが唯一の実体である神に起因する二つの属性だからである。神という実体が変状して様態が生まれる。その様態は思惟の属性に於いても存在するし(精神)、延長の属性に於いても存在する(身体)。思惟も延長も、いずれも神の属性であるからである。したがって、精神が身体を動かすのではない。精神で起こったことが身体を動かすのではなく、精神と身体で同時に運動が進行する。われわれが持つのは、自身の身体に起こる観念、自身の身体の触発による変様の観念であり、われわれはまさにそのような観念を通してのみ、自己の身体や他の身体または物体を、自己の精神や他の精神を、直接に認識する。思惟を構成する軸は意志ではなく観念そのものがもつ真理性であり、大切なのはそれに注意を集中することによって、観念の間の必然的連結を理解することである。人間精神を構成する観念の対象は身体であり、それはわれわれが感じる通りに存在する。この帰結として、われわれは、人間精神が身体と合一していることを知るのみならず、精神と身体の合一をいかに解するべきかも知る。

スピノザにとって、精神と身体は同一実体の二つの表現であり、特殊的様態は無限的様態の一部分である。人間の身体は、その部分として個物の存在が一体的な自然全体の有機的連関の中に包含される。無限知性の全体は真なる観念でできているが、ただしその身体の観念には情報不足や情報切れが生じ、明瞭判然たるものではなく混乱したものである。われわれは、われわれの身体の持続についてきわめて非妥当的な認識しかもつことができず、それは自然の共通的秩序及び諸物の排列状態に依存する。本質を構成する属性はその根源に於いて一なるものに止まり(能産的自然)、様態は諸々の帰結の多様性を示す(所産的自然)。直接的な無限的様態は直ちに属性の永遠の必然性を表現する。かくして、思惟にとって絶対的無限な悟性があり、延長にとって運動と静止がある。しかし、身体が精神を思惟に決定することはできないし、また精神が身体を運動ないし静止に、あるいは他のあるものに決定することもでない。

スピノザはまさに「永遠の相の下に」個々の身体の本質および神の内なるその身体の観念である精神の本質を知覚する。永遠性に関するこの意識は一時的存在の一切を含まず、現実の至福を基礎づける。存在と拡充の一致、この直観は、その存在の始源の認識を伴った喜び、したがって神への知的愛である。スピノザにあっては、身体諸状態を、それぞれに対応する意味へと意味づける能動的主体など問題にならない。全体論としてその意味を問うのであり、そのときに意味付与する主体など想定する必要がない。スピノザからすれば、精神と身体は異なる方法で把握される一つの事物である。われわれは精神を、思惟し肯定し、経験を積むものとして語り、考える一方で、身体については空間を占有し、移動し、形状を持つ一つの事物と見なすが、これはわれわれが一つの事物を説明するのに二つの異なる言語、あるいは二つの語彙を持っているようなものである。

われわれは、身体が身体だけで何をなしうるか知ることはできない。私の身体は多数の個体で構成されていて、その個体の一つひとつがきわめて複合的に構成されている。私の身体は多くの別の身体によって養分を与えられるとともに浸透され、さらにそれらの身体が誰も絶対的力を及ぼすことのできない無限のものと関係づけられた諸要素と関係を持つようになっている。しかし、その一続きのなかで身体に何が起きているか、われわれは知らない。知らないということは、意識の外で何が起こっているか知らないということである。しかし、その知らないということに気づいていない。われわれは、身心が平行してあれこれの衝動を生じ、そこで勝手にやっていることを、自分の欲望や意志や目的を持って行っていると思い、それが自己意識だとして生きている。どんな精神も自らを、部分的にしか意識しない。

スピノザは、人間の精神は身体が消滅しても生き残る、あるいは生き残ろうと意志することができるという。そこには知性の永遠性というものがあり、人間の精神の何ものかは、時間に左右されることなく神のなかに存在するという。それは、身体は消滅した後も継続的に時間のなかに存在するという意味ではないし、死後も何かを想像したり、知覚したり思い出したりできるということではない。その永遠のよりどころは、終わりのない未来の存在ではなく、まさに時間に左右されないということである。神は無限であるというとき、ここまでは神であり、ここから先は神でないという限界がない。限界がないということは寿命がないということである。スピノザは、永遠を時間の継続ではなく、永遠の真理、ものごとの本質、と定義している。心の永遠的本質は不死ということではない。心は必滅でもあり、永遠でもある。さらに、心は身体とともに滅びるとも言っている。

永遠に始まりなどない。無際限でもなければ、この持続の後に始まる何かでもない。それぞれが、一回限りの現実性を担ってこの世に登場している。一回限りというのは、そのものが無くなれば個々のものの現実的本質も失われるからである。しかし、その役割が無くなることはない。スピノザは、人は「自己の精神の永遠性を意識してはいるが、永遠性と持続を混同し、表象ないし記憶に永遠性を付与し、表象ないし記憶が死後も存続すると信じている」という。

しかし、「精神は永遠の相の下で知解するすべてのものを、身体の本質を永遠の相の下に概念することによって知解する」。ものを永遠の相の下で概念するとは、ものを神の本質を通してリアリティとして概念することであり、たえず神を意識することになる。原理としての実体にすべてが還元されてしまうのではなく、これによってわれわれは身体や心の事件の現場に立ち返らされる。重要なことは、「何もないのではなくて何かがある」という事実であり、私の身体が互いに連鎖する無限のかたちと共存しているということである。自然はそのように連関しながら展開されている。

二　欲望と衝動

(1)　渇愛・妄執・欲望

生きていく手段として欲望というものを植え付けられている人間存在にとって、欲望に必ず伴うその欲望への執着をぴたりと断ち切るなど不可能というほかない。誰もが、自分の身体や欲望を完全にコントロールするということはできない。それが何であるのか、あるいはそれをコントロールすることがどこまで可能なのか、誰にも分からない。いわゆる邪念が心の進化によって作られたシステムである以上、ふつう人にはそれを完全には超越することができない。私たちの心が生命というシステムとして生まれたからには、滅ぼしようのない本能の支配を逃れることができないからである。

人間の心は、底知れない深みをもつ。そこには、我執に発する欲望が渦巻いている。それを煩悩といってもよいし、無意識の自己といってもよい。自分でも知ることのできない、荒れ狂う自分が潜んでいる。親鸞は性欲の問題を通して、人間存在がそうした欲望の主体としてあらざるを得ないことそれ自体を見据えていた。そこには、抑えても抑えてもその欲求を禁じ得ない心の現実があり、それが人間存在にまつわる宿命的で避けがたい罪悪とも感じられ、根本的な思索に繋がっていった。

インド仏教の基本は、現実が自己の思う通りにならない苦を、いかにして超克するかにあった。他者に対し、また自分自身においても、自分の思いが叶えられない、願いに背く、不満や不快や不安という現実の苦を背負うことになる。みずからの苦は何よりも老死であり、その老死は生によって起こり、その生は人間の実存によって起こり、それは執着によって起こり、さらに渇愛・妄執・欲望によって起こる。次々と遡っていくと、その極点は無明、すなわち本来的無知によって苦は起こるのだとされる。

また、個人個人がもっと思い込んでいる欲望の多くは、さまざまな要素が関係しあって社会的に産出されるとも言える。私自身が熟知していると思っている私の心の奥に何が蠢いているか、私が何をしでかすか、私自身にも分からない。ときに、モノやお金、名声や地位の評価といった外側にあるものに影響される。常に動いているのが心であり、その方向は本質的に不安定である。意識の上層が導く人間の動きはさまざまな情報に振り回され、その時限りその場限りで変動するが、感情の深層が導く人生の方向は、さまざまな欲望によって揺れ動く。

人間とは情欲と怒りの衝動によって動く獣である、というのが人間についてのアリストテレスの基本的な考えであった。この獣を本来の人間であらしめているのが、人間の内に内在する理性であるとしたが、情念や衝動は時として理性的意識に反抗する。パトス的身体はロゴス的意識に抵抗する重く激しいものであり、それが理性的な人間主体の基体的制約をなしている。逆に、そのパトスも、実は決して自然的・本能的欲求のなせるわざなどではなく、あくまでも文化の根源にしか見いだせないロゴスの一部であり、その深層に位置する欲望の動きでもある。

フロイトもユングも、ヨーロッパ近代人の意識の底にあるものに目をつけたことでは同じだったが、フロイトは近代合理主義を前提として無意識を何とか理解しようとした。その理解のためには性衝動が問題であり、抑圧せざるを得ない衝動をうまく飼い馴らしていくことが人間の精神的な健康にとって大切なのであるとした。それに対しユングは、合理性が明るい世界を支配しているその裏で、非合理で衝動的なものが剥き出しになっていると見て、非合理なものをある程度非合理なままで把握しようとした。

いずれにせよ、見方によっては、欲望の赴くままに犯した悪事であれ、宗教的な思想からなされた慈善行為であれ、日常の食事や性行動であれ、その内発的な行動のほとんどは、決して意識されることのない、脳内の報酬にかかわる特定の神経回路に支配されているということもできる。ある特定の動因によって活発化する有機体の行動的状態を欲求と呼ぶならば、意識をもつ個体がその欲求を認識するようになる状況を欲望ということができ、それはある欲求をもっていることに対する、そしてその欲求の最終的な成就または挫折に対する意識的感情をも意味する。

(2) 欲望への自覚

人間は、一般的に物事を実体として捉え、それに執着するところに欲望の自縄自縛や業が生起して、結局その連鎖から抜け出せないことが多い。したがって、仏教では、己の欲望の根っこに何があるのかを凝視する。そこには根本的な生存欲があり、その欲望には貪（求める欲望）と瞋（避ける欲望）があるとし、徹底的にその実体の無さに気づくことの大切さを説く。その無明の闇に明知の光を点さなければならないが、それを妨げるものは、渇望と執着であるとする。

欲望は自我意識による一過性の動きに過ぎぬが、執着の根は深い。唯識では、執着のかたまりが末那識であり、執着の根は阿頼耶識に根ざすとするが、その首根っこには末那識がある。末那識と六識（眼・耳・鼻・舌・身・意の各識）とは常に煩悩に妨げられているとはいえ、その曇りもまた本来は空である。空とは現実に存在すると思われるこの世界が、実は幻の如く顕現され、維持されていることを示している。そして、それを自覚しようとする者は、快楽至上でもなく苦行至上でもなく、いずれにも偏しない中道を行かねばならない。無我も空も単なる無ではなく、関係性の相対性・相依性・仮象性を表す概念である。「私」には根拠がない。これは仏教の思想的核心である。苦とは、ないはずの根拠（自分）を欲望で代用するところに生じるともいえる。

人間は自分の内のさまざまな欲望によって苦しむ。これは誰でも知っている。苦しみがあまりに大きいと、われわれはしばしばこの欲望こそが矛盾の根源なのだから、いっそ欲望そのものがなくなれば矛盾もなくなると考えてしまう。しかし、欲望をもっていることが生存にかかわりがあるということは、生命力そのものでもあるということである。欲望の根源というものは、それぞれのもつ生命力であり、それを否定するのではなく、積極的に生かしていこうとする方向が考えられねばならない。

とくに、大乗仏教では、欲望を単純に否定するという方向へは向かわない。そこに大転換を行う。人間は煩悩のまま成仏できるという発想の大飛躍がそれであった。大乗経典は「煩悩即菩提」という。煩悩と涅槃は本来相反する概念であるが、煩悩がきっかけとなって涅槃に転ぜられるとする。日本仏教では、平安後期には本覚思想の形成が始まるが、それは現世主義の最も徹底した一形態であり、修行も不要とする「あるがまま主義」とも言うべきものであった。鎌倉新仏教や南都の改革派はそれに対して新たに実践の立場を取り戻そうとしたもので、現世主義と実践による現世否定性とを統合しようとしたものであったと考えられる。

そもそも人間は、さまざまな欲望に彩られている。ベルクソンは人間の中に動物があり、その動物としての認識こそ持続の認識であって、それが人間にとって最も深い真実だと見ている。フロイトにとって、人間の最も動物的な部分、すなわち無意識の衝動こそが重要であった。低きに就こうとする心も高く登ろうとする心も、ともに人間の心である。人間には欲望の多様性があって、それが他人を苦しめ、自分を苦しめもする。ところがその同じ人間が、美しさを求め、善なるものを求め、真実を求める。この両義的なかかわりのなかに、人間の苦渋もあり、豊かさもあり、創造性もある。自分も一歩間違えば同じ過ちを犯してしまうかもしれない、と自分のなかに欲望を感じ取るほうが自然である。本来、欲望を欲望としてもち、妄想を妄想としてもつこと自体に何の問題があるわけでもない。プラトンの「善のイデア」と「美のイデア」における並行関係の構造は、重要なことを示唆している。人間のエロス的欲望がその対象をほんとうのもの、言い換えれば超越性としてもつということ、まさしくそのことこそ、多様で分離された生を生きる人間が普遍性という繋がりの糸をもちうる根拠でもある。

人間は、己の欲望の真実に目覚め、己の無限性の自覚のもとで、市民としての責任ある主体となる。欲望が真に自由なものであり、また真に無限なものであることを自覚するからである。そのとき、生は無目的無方向のものとしてではなく、それは常に現にあるよりもより強くより大きく成ろうとするもの、その意味では方向をもち内的分節構造をもつものとして生かされる。ニーチェに於いては、生のなかでたえず自身の内に自己との距離を抱え込み、分裂の危機をもたらすものが「力への意志」であった。生殖への意志、目的への衝動、より高いもの、より複雑なものへの衝動などと呼ばれるものは、すべて力への意志の発現形態と見なされる。自己を自己自身と異なったところへと解放し、それによってつねに自己自身を変貌させる転身の過程がここに示されている。絶滅することによってではなく、昇華することによって、衝動は克服される。それゆえに、激情、衝動、あるいは本能は、決して悪でもなければ敵でもない。

(3)　欲望を生かす

人間は生まれながらに具わった欲望を好ましからざるものとして否定するのではなく、欲望を充足することの意味について目覚め、欲望のもつ本来的なエネルギーを方向付けることができる。欲望というものを除去しようとする空しい努力を重ねるよりも、そのエネルギーを利他の方向に生かすのが賢明だといえる。欲望渦巻く世の中にあって、そこに沈んで苦しんでいる人々を救うことはできないか。そこに、欲望が積極的価値をもつことになる。

レヴィナスは「無私」という言葉を語る。「無私」とは、存在欲求のぶつかり合いを否定するということである。だから、存在欲求の闘争のなかにいて、この闘争に明け暮れて、そして同時にその闘争から離脱するということ、それは生きながら死ぬということであった。生きている限り自分のエゴイズムを完全に超えることはできない。しかし、生きていながら、存在欲求のなかにいながら、その存在欲求を絶えず超えて、他者への献身のうちに己を無化しようとする緊張をもつことをいう。何かのために一生懸命にやって、自分のことなど存在しないかのように忘れてしまっているとき、はじめて人間は自分の存在が肯定されている。とんでもない現実を正面から受け止めて、そういうものを自分で背負って生きているとき、ほんとうに何か大切なものへの可能性が生まれる。

人は日常生活に於いて漠然と自己という何か固定的なものがあるかのように考え、その固定的な自己を単位として生活を営んでいる。しかし、それはあくまでも日常生活を送るために仮構されたものであって、実はそのような固定的な自我もないし、さらに存在するものはすべて固定的な本質などない。道元が「自己を忘れる」というとき、それは固定的な自我があるというとらわれから脱するということである。つまり、自己を追究してはじめて、自己とは固定的なものとしては存在しないということがわかる。そのとき、「万法」、すべての存在によって「証される」、確かなものとしてあらしめられる。

キリスト教では「聖人に己なし」というが、己がないということはすべてが己であるということである。それは、人間としての自己の存在を、そのつど、何らかの仕方で他人に負っているということでもある。だから、そもそも自他の分別、自分と他人の区別がない。その自他の分別を超えたところにほとけが働く。自分がいるということは、お互い相手のおかげを被っている。そのとき、この事実に由来する「お互いさま」「おかげさま」という感覚をもつ。そうした相互性の圏外に出ようとするのは、自己を特権化することにほかならない。

したがって、人間を救うことを念願としている菩薩は、人間の利のために決して静かな悟りに入らない。欲望は衆生の生存の根底である。欲望を否定することは生そのものを否定することになる。欲望を肯定することと、欲望を断ちきることとは決して矛盾しない。欲望を肯定しつつ欲望に執着しない。根本的な選択を迫られることになるが、そこでは「私」が欲望のままに好きな選択をする、などといっては「私」は死んでしまう。また、合理的理性や歴史的法則に従う、などといってもまた「私」は死んでしまう。「私」を生かすものは、西田幾多郎の言葉で言えば、「絶対的なもの」に触れたかのように、「物となって行う」ということになる。欲望とはそもそも実体として存在しない自己において現れるものにすぎず、それは否定されるべきものではなかった。むしろ、それが絶えざる自己否定のなかで生かされるとき、そこでこそ自由に生きることができる。

道元の思想の根底には無常観がある。根源的な欠落を自覚することこそ、無常ということである。理由のわからなさに戦慄することが無常の感覚なのである。この世によりどころにできるものは一切ない。道元はこの事実を頭だけで認識したのではなく、全身で知った。この世の一切のものが生滅し、空しいものであることを全身で悟るならば、ただ欲望を追求するだけではそれがどんなにつまらないことであるかがわかる。したがって、この世の一切のものが生滅することを悟る人は、死ぬまでの時間が貴重なものであることを悟り、一瞬も無駄にはできないと思うに違いない。

ときに、無常には悲痛と悔恨と後ろめたさといった感情が絡みつく。仕方がないと自分に言い聞かせる以外にどうしようもない問いがある。他者がそうであり、自分がそうでないことに根拠がない。仕方のなさを自分に受け入れようとすること、それが自己の無常から噴き上がってくる。そこでは、それまでの欲望に生きる自分を作り直すことを迫られる。思い通りにしたいという欲望の本質は、決して思い通りにはならないという事実と直面することの深みでしか制御されない。そういう己ならざる己、いわば非己に於いて実践的に生きられることになる。無常なるがゆえに、現在の一刻一刻を真剣に生きるという姿勢が貫かれる。

(4) 欲望の真実

欲望を捨てようとしても捨てられるものではない。むしろ、捨てなければならないと思うことそのこと自体に問題があるのではないか。あるいは、真実のところ、捨てるべき欲望など初めからなかったのではないか。スピノザは言う。「ここに一つ私にわかっていることがあった。精神はこうした思索に向けられているその間だけは、そういうもの（所有欲・官能欲・名誉欲）に背を向けて真剣に新しい企てについて思考していた。このことは私にとって大きい励ましとなった」。この探究の過程で気づくことは、欲望は決して知性に反するものだとはいえないということである。むしろ欲望は知性の本質ではないかとさえ思えてくる。スピノザによれば、「われわれをしてあることをなさしめる目的なるもの」が衝動であり、「認識の対象となり得る一切のものを妥当に理解するように駆る」のが、すべての欲望を統御するに当たっての規準となる最高欲望であった。

自然のなかには自然の過誤のせいにされ得るようないかなることも起こらない。なぜなら自然は常にいたるところで同一に働いているからである。憎しみ・怒り・嫉妬等の感情も、それ自体で考察すれば、その他の個物と同様に自然の必然性と力とから生ずる。つまり、物体の内にも精神の内にも見られ、そこに働いているものがあり、物体の場合それは慣性の法則によって示され、人間の場合は衝動として現れる。それは身体的にも精神的にも現実的本質であり、この衝動を意識したものが欲望である。人間には十全な認識をなす限りに於いても、また混乱した認識をなす限りに於いても、自分の存在を維持しようと努力するのであり、この努力が衝動であり欲望である。この欲望は、われわれが十全な認識をなす限り、喜びの感情とまったく同じものとなる。十全な認識をなす限り、精神自身の活動力は増大するからである。

スピノザがコナトゥスと呼ぶもの、それは抵抗力・努力とも訳されるが、存在を維持しようとして働く自然の営みのなかで起こる衝動であって、それによってこそ人間は生きられるのであり、意志して失ったり守ったりするものではなかった。むしろ、そこから自然の必然性と力が生ずる。求めるべき幸福も至福も自由もそこに生まれる。よいものを求める欲望は、求めるべきものの認識がしっかりすればするほど強度を増し、安定したものとなる。

アリストテレス以来支配的であった目的観は、スピノザによれば人間の偏見にほかならなかった。ここには根本的な錯覚があった。このコナトゥスや衝動について無知であり、それを触発による変容の観念によって決定された情動のかたちでしか捉えないため、この変様の観念が目的因だと思い込んでしまう。それは人間が生まれつきものの原因を知らないこと、そして誰でも自分の利益を求める衝動をもち、かつそれを意識していることから導き出されるものである。ものの原因に関して無知であることは、自分を衝動や意欲に駆り立てる原因に関しても無知であることを意味し、このため自分を自由であると思い込んでしまう。

「幼児は自由に乳を欲求すると信じ、怒れる小児は自由に復讐を欲すると信じ、臆病者は自由に逃亡すると信ずる。酩酊者は後で酔いが醒めたとき黙っていればよかったと思うようなことをそのときは精神の自由な決意に従って話すと信ずる」。人間は、自分の行動を意識しているが自分をそれへと決定する原因は知らぬゆえに、自分を自由だと信じている。精神の決意とは、衝動そのものにほかならない。衝動とは、人間の本質そのもの、自己の維持に役立つすべてのことが必然的に出てきて、結局人間にそれを行わせるようにさせるところの人間の本質そのものにほかならない。

欲望とは、意識を伴った衝動である。それ自身としては目的なき衝動を、われわれは意識のなかで何かを実現しようとする欲望として、いわば誤認しながら生きていることになる。そして、われわれは妥当に認識する限りに於いて、必然的なもの以外の何ものをも欲求し得ず、一般に真なるもの以外の何ものにも満足し得ない。それゆえに、われわれがこのことを正しく認識する限り、その限りに於いてわれわれ自身のよりよき部分の努力・欲望は全自然と一致することになる。

第三章　自己を生きる

一　自己

(1)　自我と自己

われわれは、自己とはすなわち自分のことであり、それはこういうものだとあらかじめ意識している。「私」とは、自己意識のクオリアだともいわれる。生まれてこのかた、生き生きと自分の意識のことを振り返って、ああ、これが自分の意識だ、と実感し続けることのできた、その主体そのものだというわけである。しかし、ほんとうにその自己を知っているかというと、それは曖昧なかたちでしかない。そもそも、自己を知るのは自己であり、だがそれを知ることの権限は、自己には与えられていない。自己とは徹底的に受動的なものであり、そのすべてに責任が取れるほど自己のことを捉えられているわけではない。脳の司る膨大な情報処理のうち、自覚化できるのはごく一部、「氷山の一角」でしかない。他の大部分は無意識的、潜在的なままに精神機能を支えている。知覚や認知ばかりではなく、記憶や運動、自己の知覚に到るまで、本人が自己申告できる手掛かりや過程以外のものが本人の行動に影響を与えている。

また、「私」のなかの「私」以外の部分、「意識」のうち自己意識以外の意識、つまり「知情意」のさまざまに注意を向け、見たものや聞いたものについて生き生きと感じる「意識」の部分がある。自己を考える上で、他者は環境の有力な一部であるとともに、意識の重要な前提条件である。意識は他者の存在の気づきとともに、気づかれ、また逆に、無意識とは、本人の気づかない他者の視点で見た自己である。つまり、自己の存在を、そのつど、何らかの仕方で他に負っている。自分がいるということは、ある意味でお互いさまに、相手のおかげを被っていることを意味する。そういう相互性の内にあることを忘れて、自分を特権化することは、その自己を支えているものを否定した上で、自己であろうとすることにほかならない。しかし、その自己特権化は、しばしば自己存在の主張として抜きがたい欲求となって作用する。

フロイトやユングによる、いわゆる「無意識の発見」以来、自己を意識の領域に限定するのではなく、むしろ無意識の領域をも含め、それを全体として捉えるようになった。その際には、意識の領域を統合する中心を自我と呼び、無意識の領域をも含めた全体の執心を「自己」と呼ぶ。そもそも西洋哲学では、自我は意志や行為の主体、文の主語を意味し、自己は自我によって知られたり、自我から何らかの作用を受けたりする限りでの自覚をいう。つまり、自我それ自身が認識や意志・行為の対象として、文の目的語として見られる時、それは「自己」と呼ばれる。デカルトからカントに到るまで中心的に問題にされてきたのは「自我」であったが、キルケゴールがはじめて自我と自己を区別し、それによって「自己」がはじめて主題として問われるようになった。人間とは精神であり、精神とは自己であり、自己とは自己自身に関係するところの関係である。関係がそれ自身に関係する関係であり、関係はさらに自己関係の全体を定立した他者との関係でもある。キルケゴールはかけがえのない単独的自己を自らの思想の中心に据え、自我はデカルトの思惟実体やカントの超越論的自我のようなものではなく、それ自らに関係する自覚的関係として、動的、活動的、生成的に捉えられる。単独の主体的自己とは、自らの決断によって、いかに真実に生くべきかを情熱をもって主体的に行為する自己であり、生きる自覚的関係としての自己である。自己は本来的自己を実現すべく現にある自己を超えて未来へと投企する自己である。

また、ニーチェのいう自己は、「力への意志」と呼ばれる根源の生ないしは存在そのもののことであり、精神や意識と呼ばれる狭義の自我と、普通に身体と呼ばれている狭義の身体、あるいはそのはたらきとしての感覚の根底には、根拠の地平としての存在そのもの、あるいはそれと一体となった「自己」があった。ニーチェは、自己を自我より優位とする。自我が実体論的存在であるのに対して、自己が関係論的存在であるからだが、ここに自我の否定とニヒリズム論との一貫性をみることもできる。ここでは、意識的で自覚的な「私」ないし「自我」と区別されて、誰のものとも言い難い身体的、無意識的生を指している。自己とは、意識的に語られたり、対象として示されるものではなく、心理的、身体的状態が次々と去来し変転していく運動として捉えられる。

西田幾多郎に於いては、私は、私である世界という場所に於いて、私である人間を含む世界全体の像を作っており、その自覚を可能にしているのが、私を超越し、私を包むものとしての場所が、また私自身であるという構造になっている。そのことによって、自己が自己に於いて自己を見るということが可能になる。統一的直覚こそ、西田によれば自己にほかならず、自己というものがまずどこかにあって、それがあるものを知覚したり、思惟したりするという考えを避けている。ハイデッガーは、実体としての自己という考え方を批判した。変化の根底に存在している変化しないものという実体の観念に依拠した時点で、現存在が何か「もの」であるかのようにみなされることになるからである。現存在が世界・内・存在である以上、世界を欠いた「私」というものは存在せず、また他者から切り離された「私」があるわけでもない。自分がその時々に直面している状況に於いて何をなしうるかでしかない。それゆえ、その場面から離れたところにいくら自分を求めても自己を見いだすことはできない。

さらにこれは、われわれが生きているということは、自己が、自己以外の系と交渉しつつ、自己を絶えず再統合し、自己の部分系を全体化することによってはじめて自らの個体性を維持できる、ということにも繋がる。自己という生体系と他の系との関わり合いのなかで「意味」が発生する。その意味は、生体が環境に与えるものであると同時に、環境によって生体が支えられるという両義性をもつ。言い換えれば、自己はつねに自己ならざるものを、自己にとっての否定的契機を自己の存在の根拠としている。例えば、私の胃が時々痛むことによって胃の存在に気づくという仕方で、時々自己の存在を自覚するというようなことではなく、私が自己に目を向けていない時には、自己は自己として存在しない。私が自己に目を向けるたびごとに、自己がそのつど自己自身として立ち現れる。自己はあくまで自己でないものに対しての自己であり、その自己でないものも、それが自己でないものといわれうるのは、自己と区別される限りにおいてである。

(2) 仏教の自己

ウパニシャッドでは、宇宙原理(ブラフマン)と自己(アートマン・我)との一致に重要な意味があった。自己が個人の属性を捨て、宇宙原理に合一することによって、「天界に於ける不死」が実現する。これがウパニシャッドに於ける「梵我一如」であった。それに対し、初期仏教は梵我一如を、「一切を自己として」という表現で継承しつつ、それを「利他」の心によって転換する。唯物論は存在を諸要素に分析する思考を展開し、ジャイナ教は苦行による輪廻からの解脱を主張した。仏教も、すでに存在していた要素論や解脱思想を採用しているが、それらを別の思想に組み替えている。人間が諸要素の構成体にすぎないという思想を唯物論と共有しつつ、「渇望」によって自己が再生産される過程を説いた。生存という観点に立って、「アートマンが存在する・存在しない」という二項対立そのものを解体した。主体としての「自己」を否定する一方、諸要素の集合としての「自己」の存在は認め、それがいかにして再生産されるのかという過程を示す。神々や人間は動物などの生まれ死ぬ個体を指す場合、「存在」という表現を使う。漢訳で言う、「衆生」「有情」である。仏教では、個体存在に輪廻する主体としての「自己」を認めない。個体存在は、諸認識器官の束、「六処」として、また身体と諸能力の合奏、「五蘊」として理解される。

自己だと思われている個体存在は、実は六つの認識器官（眼・耳・鼻・舌・身・意）の束にすぎない。確かに、私たちは日常生活や社会経験として、「わたし」や「自己」という存在を自明のものとして生きている。しかし、実はそこには主体はなく、存在するのは個々の認識器官である。これが「六処」の思想である。さらに、個々の認識器官が永遠ではなく（無常）思い通りにならず（空）自己ではない（無我）と説く。「姿」と同様の形式で、「感受」「表象」「諸形成作用」「認識」の五蘊すべては、「私」でも、「私のもの」でも、「私の自己」でもないと説く。ここに通底しているのは、自己と思われているものは、身体と諸能力であり、そのどれ一つとっても、思い通りにならないということである。

先行する解脱思想に対して、仏教はその意味をまったく換えている。解脱とは、もともとは「再生の連鎖からの真の自己の解放」だったのに対して、仏教では「欲望・生存・無知からの心の解放」なのである。とくに、「自己」ではなく、無常な「心」をこの文の主語にしたことによって、真の自己が輪廻から解放されるという「解脱」にあったもとの意味は消えている。仏教は「解脱」という言葉の意味を換骨奪胎した。

真にまっとうな仏教者はすべて無限の自己否定者である、といわれる。それは、道を求める者の主体性を放棄することではない。否定とは、観念的・理念的自己へのそれではなく、現実の自己、自己の現存在のありようを凝視し、見つめ尽くしたところから開けてくる「否定」である。無我とは、自我がなくなること、あるいは自我を無くすことではない。実体としての自分はないということであり、実体としての自分がないことがわかることによって、自分へのこだわりがなくなることであるといってもよい。自分があるということ自体が、もともと錯覚なのである。だから、自分の「心」があると考えることも、錯覚だということになる。もともとわれわれに直接的な世界は、「もの」でも

「我」でもなかった。ただひとえに「こと」の世界である。自己を分析してみると、そこには「もの」「我」「こと」、この三つの契機が、一つのことの構成要件、一個の自己のすべてである。唯識では、これをさらに八つの層の識、とりわけ阿頼耶識を立てることによって説明した。それは、自我以前への退行ではなくて、いわば凡夫的自我、八識状態の限界を超えることを意味する。われわれは、「もの」とともに局限された「我」を構想し、執着する。「もの」と「我」を仮設してかえってそれにとらわれる。その執着にとらわれず自己への無理で過剰なこだわりがなくなり、そのような偏見から離れていくとき、そのときはじめて自己とは何かがわかり、生きているということが何であるかがわかるという。

(3) 自己と他己

自己意識を自己意識たらしめる自己とは、さしあたり身体としての自分なのであり、この身体的自我と別の超越的なものではあり得ない。また、身体は個々の人々を互いに隔てている個体としての側面の他に、人と人とを繋ごうとする本源的な共同性をもち、それが絡まり合って自己を形成すると考えられる。他者との関係のなかで生きていくしかないという自己の構造がある。その意味で、反省的にみられる自己はそこで現れる他己あるいは他者と対称的ないし相補的関係にある。自己は、他己に対して決して特権的ではない。自己は他人としての自己でもある。したがって、人が自己を固定化し、それを疑わないならば、自分の意識の表層から深層へ行こうとすると、かえって執着しているものが消えて見えなくなるという現象に直面する。むしろ、生者死者を問わず、何らかの他者が自分の生存を充たしていると考えるべきかもしれない。

いわゆる己事究明とは、人と人との間にある自己が、他のあらゆる人々との平等一如性と関係性をわきまえて、そこから目を離さず、そこに於いて生きる以外の何ものでもない。しかし、そうではありながら、ややもすればそうした理性の上での自己了解は、ときに吹き飛んでしまう可能性がある。一切が平等だと理解することと、それを体得することとは同じではない。むしろ、自己が自己であるということは、認識の問題ではなく、存在の事実であるともいえる。それは、探ってそれで捉えられるようなことではなく、すでに自明のことである。他己という言葉、他の己、それ自身自覚的な他者があると考える立場は、当然自分自身もあると認めることになるが、そこには当然自覚として他己を前提とする。それは、自己を対象的に分析するのではなくて、そのような自己の知り方を放棄するとき、自己以外の森羅万象によって自己が何ものであるかがおのずと示される。そこには自己が自己であり、他己が他己でありつつ、かつ互いを承認し合う態勢、相互性、相互主体性が働いている。自己が自己として、他己が他己として存在するのではなく、それ以前、あるいはそれを可能にする原初的な場の構図が考えられる。自己でもある他己というところには、主と客の分離もない、開かれた自己がある。

「仏道をならふといふは、自己をならふなり。自己をならふといふは、自己をわするるなり。自己をわするるといふは、万法に証せらるるなり。万法に証せらるるといふは、自己の身心および他己の身心をして脱落せしむるなり」と道元はいう。ここでは、「自己」とは何かということではなく、「自己」とのかかわり方が示されている。われわれが「自己」とか「自分」とか「私」とかの名で呼んでいるものは、実はものではなくて、「自分であること」「私であること」といったことであり、それ自身はっきりした形や所在をもたない不安定なものである。元来、不安定な自己は、世界の側に安定の場を見いだそうとする。ところが、ことの世界は自己の支えになるどころか、自己の不安定さをますますあばき出すことになる。だから、私たちの自己は、ことの現われに出会うやいなや、たちまちそこから距離を取り、それを見ることによって、ものに変えてしまおうとする。そうではなくて、ことしての「自己」をことしては働かせるしかたが、ここでは問われている。

自己存在の無根拠さは、その根拠が自分以外のところにあることを示唆する。自己は他己を前提にしない限り存在しえない。根拠がないものを、あたかも根拠があるかのごとく見てしまうとしたら、それはなぜか。本来縁起的なあり方をしている世界が歪められ固定化されてしまっていることを、唯識では「仮構された存在形態、遍計所執性」という。しかし、人が何らかの限界状況に直面し、世間にあわせて形作られてきた自己が、この世の一切が何かを縁としてはじめて成立するというあり方、すなわち「縁起、依他起性」という現実を前にそれ自体として無意味となり、非実体化されるとき、自己はそれまでの枠組みを超える。ここに自己が自己を超えるということがある。自己を超えるということは、自己を成立させかつ個々人の意識と無意識を条件付けてきた社会や文化のシステムを、全体として超えることを意味する。このとき、自己を成立させ、その知覚や経験を制約していた深層構造から解き放たれ、「憑き」がおちたような新鮮な驚きをもってありのままの現実が見えてくるだろう。自己に「憑かれる」ことがなくなり、言語、文化の呪縛からも解き放たれるとき、「遍計所執性」が「円成実性」に転じる。道元が「自己をならふといふは、自己を忘るるなり。自己を忘るるといふは、万法に証せらるるなり」というとき、そこに、自己がみずからの内外の現実をそのものに即して受け容れ自己を組み換える一つの運動をみることができる。ここで変容され再統合された世界が、「無自性、空」と表現される。宇宙にあるすべてが、もの、としてのあり方を「脱落」するとき、どのような世界がありうるか。「万法に証せらるる」というのは、そのことを語っている。

(4) 自己が自己に逢う

「本来の面目」「恁麼人」などといわれるが、これらの言葉に共通しているのは、自我の執着から解放されると同時に、最も自分らしい自分へ立ち返るということである。いわば、自己が自己自身になる。しかし、気づいてみれば、何も変わったことはない。花があり月があり、あたりまえのことがあたりまえにあるだけなのであるが、やはり違うといえばまったく違う。本来の面目に於いては、主も客もない、ひたすらそのものとしてである。しかし、自覚的である。自己が自己に於いて自己を見る。自己が自己を見るものなくして見る。見るものなくして見ているところ、花を月を映しているところが、そのまま自己である。「尽十方界、一人も是れ自己ならざるなし」。このとき、自己は朕兆未萌の自己（宇宙成立以前の自己）であると同時に、尽十方界（宇宙時間・宇宙空間の世界）を自己の全身とするような自己である。

「水が水を見る」「自己が自己に逢う」（山水経）、「井が井を見、驢が驢を見、人が人を見、山が山を見る」（諸悪莫作）、「十方が十方を見る」（十方）、「まなこがみずからを見る」（唯仏与仏）、「月が月を照らす」（諸法実相）、「華が華を拈ずる」（優曇華）などという。自己がないとき、すべてが自己となる。修する自己が、自己を見ている。そのとき、「われ」が「尽界」であり、全宇宙とは自己である。そこでは、あらゆる主と客は可逆的回互的でありつつ、主はどこまでも主であり、客はどこまでも客である。見ているものと見られているものがありながら、差別にして平等、自他は不二でありつつ別を失わずその時に於いて、相即している。真に無碍自在な生き生きとした世界が現前している。

自然と人間の関係は、「現成公案」に於いては、「万法」と「自己」の関わりとして語られている。「人、舟にのりてゆくに、めをめぐらして岸をみれば、岸のうつるとあやまる、目をしたしく舟につくれば、ふねのすすむをしるがごとく、身心を乱想して万法を弁肯するには、自心自性は常住なるかとあやまる」。狭い視野しかもっていない自分自身の立場を忘れて、自分の見ているものが唯一絶対の真理であると思い込むと、とんでもない錯覚に陥る。有限な自己の意識がどこまでも相対的であって、決して絶対的なものではないことを知る。

「法もし身心に充足すれば、ひとかたはたらずとおぼゆるなり」。ものがよく見えてくれば、どこかに欠けたところがあると気づく。それに気づくことで、自己を超えていく、つまり向上に繋がる。自己はつねに自己を超えていかねばならない。それは同時に、自己は個別的な自己としては成立しないということを表している。自己はいわば森羅万象の一点に集中する収斂点であって、いまはそのまま、いまを超える。自己は、そのようなかたちであるということとしていまである。それは決して閉じてはいない。自己に閉じ込められた自己にこだわっている間は、その世界のありようがなかなか見えてこない。自己が自由に動くときには、世界も生き生きとしてくる。自己が自在ならば、山も自在である。「山の運歩は、人の運歩のごとくなるべきがゆえに、人間の行歩におなじく見えざればとて、山の運歩をうたがふことなかれ」といい、「自己を転じて山河に帰する」という。このとき、全世界はすでに絶対的主体として、いま・ここに自己を照らし出し、それは全宇宙となっている。そこに自己と他者の区別はない。

衆生救済、利他行という点で他者が問題になるが、「菩提薩埵四摂法」では、「四摂法」つまり「布施・愛語・利行・同事」について道元は、「利行は一法なり、あまねく自他を利するなり」「同事をしるとき、自他一如なり」「他をして自に同ぜしめてのちに、自をして他に同ぜしむる道理あるべし。自他はときにしたがふて無窮なり」という。利行というのは、人々の利益になるように、さまざま手段をめぐらすことである。たとえば、遠い将来、近い将来をよく見つめて、相手のためになるよう手だてを尽くすことである。愚かにも「他者の利益を先にすれば、自己の利益は除かれよう」と思う人がいるかもしれない。しかし、そうではない。利行は自利も利他も一つになった法である。したがって、あまねく自他共に利益する。

同事というのは、違わないことで、自己にも違わないし、他者にも違わない。自己は自己でありながら自己の我見を去り、他者を他者と認めながら他者を別人とは認めない。このような同事を知るとき、自は他に同じ、他は自に同ずるという自他一如の世界となる。例えば、ここで事というのは、作法（儀）であり、かた（威）であり、すがた（態）である。他者をして自己に同ぜしめた後に、自己をして他者に同ぜしめる道理もあるだろう。このように自己と他者との関係は、その時々にしたがって無窮に続くのである。

自然がそのまま自身の身体であり、それが自己であるというところに於いては、一切に対してすべてを許し、すべてのために許しを請う。一切の人はすべて隣人として結ばれ、自己は一人の身ではなく、みんなのために生き、生かされていると実感される。自己の存在は、数え切れない人たち力に支えられている。自分が生きている、生かされている、そのことは自分のために他者が死んでくれることでもある。生きているということは、あらかじめ与えられた自明の事実ではなくて、その根底にはわれわれに先行する死者たちが横たわっているということを忘れることはできない。

(5) 自己の本性

自分のことは自分が一番よく知っているとか、自分は基本的には自分の思う通りに行動できるとかいう信念は、隅々まで自覚化できる意図によって一つに統一された自己があるという幻想に基づいている。われわれは身体で生きているが、スピノザは、われわれは身体だけで何をなしうるか何も知りはしない、という。自分を衝動や欲望に駆り立てる原因に関しても無知でありながら、それと知らずに自分の欲望や意志、目的に転倒させ、身体が勝手にしていることを自己意識として生きる。

さまざまな感覚様相における対象と事象を記述するイメージの流れが、自己のイメージを伴うとき、われわれは意識的な心をもつ。意識的な心とは、自己と対象との、そして自己と有機体との、同時的に進行している諸関係について、刻々と情報を提供されつつある心のプロセスである。スピノザは、観念の観念を生成するといった単純で興味深い作用のための場を彼の考え方に用意した。自己の感覚がそのプロセスに何をもたらすかというと、それは方向付けである。自己の感覚が心的レベルに持ち込むものは、脳と心に表象されている現在の活動はすべて一個の有機体に関するものである、という概念である。有機体の自己保存欲求こそが、現在表象されている大半の事象の基本的原因であるからである。自己の感覚は、その欲求が満たされる方向に心のプランニングのプロセスを向ける。

スピノザによれば、欲望とは意識を伴った衝動であった。つまり、われわれは、それ自身として目的なき衝動を、われわれの意識のなかで何かを実現しようとする欲望として、いわば誤認しながら生きている。観念を物体との接触によってわれわれのなかに形成される表象像だと思っているがゆえに、われわれの脳髄に何らの痕跡を印し得ない事物の観念は、実は観念ではなく、われわれが自由意志によって勝手に造り出す想像物だと思い込んでいる。意識は非十全な意識であり、錯覚の源であり、人間がもともともっている自己保存の力、コナトゥスや衝動を、触発による変様の観念によって決定された情動のかたちでしか捉えないため、この変様の観念が目的因だと思い込む。スピノザのいう第三種の認識、直観的認識が目指しているのは、神と自己自身と、他の諸々の観念が、神のうちに於いてそうであるがままに、この自己自身のうちで反照しあうようにさせることである。自己と、神と、諸々の個物を、永遠の必然性によって意識することである。

「エチカ」第四部には、心の強さをもつ人間の肖像が描かれる。自己自身のコナトゥスが十全な観念によって決定され、そこから能動的な情動が生じてくるとき、人間は自由となる。人間は自然の一部分でないということは不可能であり、また人間が単に自己の本性のみによって理解され得るような変化、自分がその妥当な原因であるような変化だけしか受けないということも不可能である。この帰結として、人間は必然的に常に受動に隷属し、また自然の共通なる秩序に従い、これに服従し、かつこれに対して自然が要求するだけ順応する。そして、人間は、理性の指導に従って生活する限り、ただその限りに於いて、本性上常に必然的に一致する。理性は自然に反する何ごとも要求せぬゆえ、したがって理性は各人が自己自身を愛すること、自己の利益、自己の真の利益を求めること、また人間をより大なる完全性へ真に導くすべてのものを欲求すること、一般的にいえば各人が自己の有を能うだけ維持するように努めることを要求する、という。結果として、自己の利益をより多く求め、自己の維持により多く努力するにつれて、それだけ有徳であり、自己の本性の法則に従って行動する能力が増大する。それは、存在し得る最高の満足である。

自己満足は人間が自己自身及び自己の活動能力を観想することから生じる喜びである。逆に、自己自身を知らないものは一切の徳の基礎を知らない者である。また、人間はたいてい自己の欲望によって一切を処理するものであるけれども、人間の共同社会からは損害よりも便利が遙かに多く生じる、ともいう。

二　善と悪

(1) 意　志

意志・意思・意図といった「意」を含むことばが表そうとしているのは、人間の行動に方向性を与える心の動き、というような意味である。あるいは、心が自らに行動を起こす動きといってもよい。ともかく、それは反射性・反応性の動きではなく、自発的に行動を開始する動きであると考えられる。しかし、身体性を伴う以上、そこで生じる数多くの、善悪にかかわる欲望や情動は、人間が自発性によって統御しようとしても、完全には巧くいかないというのが一般的だろう。また、何か意志しようとしても、そうした意志が反映されるのは、ある程度限定された場面でのことだと感じざるを得ない。

われわれが世界と向き合い、さまざまな意志決定をしていく上では、脳が内蔵から受け取っているシグナルが大切であるといわれる。「うまくいきそうな気がする」「何となく嫌な予感がする」というようなときに、われわれは内蔵を初めとする身体から脳に送られてくる情報を参照しているらしい。ダマシオによれば、内臓感覚に、消化管を中心とするそのような痕跡が、思い出すことのできない記憶として作用しており、それは「生命記憶」にも繋がる。意識の上では、覚悟を決めて自らの意志で開始するというあり方も、知らないところで生命的な流れのなかで運ばれており、気が付いたらすでに始まっていたというのが事実かもしれない。だとすれば、われわれは、人として、生きるか死ぬか、選べる存在だと思っているが、実際自らが生きているという事実が、流れに乗っているだけであり、どっちに行くか自分の意志で行っているとただ思っているだけだ、ということにもなる。

主体的に、意志し、反省し、決断する、そういう行為を担う自己とは、その主体性を実現する運動、誰の責任かと問われれば「私だ」といわせる、その「ふるまい」のことである、ともいえる。私の身体について、また、身体のどの部分が私の意志に従い、どの部分が従わないかを記述したとしても、その主体はその記述の中に現れてこない。ウィトゲンシュタインは「哲学は、語り得るものを明確にすることによって、語り得ぬものを暗示するにいたる」といったが、そこで重要なのは、「語り得ぬもの」である。しかし、それは語り得ぬがゆえに、語り得ない。そこで、「語り得るもの」を明確にすることによって、「語り得ぬもの」を暗示することになる。そこに主体は存在しない。

意志とは、われわれの心的な作用であり、われわれの身体を動かし行為の動因となるものであり、ある種の心的現象である。これに対し、ウィトゲンシュタインは、「身体的行為の原因となる心的経験としての意志」というものを身体的行為と切り離した上で、徹底的に対象化した。そして、こうした分離が可能である限り、それは意志そのものではなく、それに付随する外的現象に過ぎないともいえる。意志は行為と内的関係になければならない。また、現象学は、自己意識の根底にまで遡ることによって、意識が自らの身体に、自らの非意志的な生活全体に粘着していることと、そしてまたこの非意志的な生活を通じて、自らのはたらきの所産でもありはたらきの地平でもある行為の世界に粘着していることを明らかにした。

このように考えると、一切の身体運動と切り離された純粋に心の出来事としての意志なるものなどありはしない。私の意志で荷物を机の上に置いたのだといっても、その場合、「荷物を置く」という具体的行為があったのであり、一切の身体的ふるまいとは別に意志なるものを特定したわけではない。蒔いた種が芽を出すことと、私が走ったり、お辞儀をして挨拶すること、これらには、どこに違いがあるのか。そこに意志が働いていると言えるのか、ということになる。

私は呼吸していると言うが、何よりも呼吸は本来自分の意志のままにならない生理機能に属する。意志の自由になると思われている皮質（感覚・運動）系の機能も、意志から独立した自律系の機能（無意識）は、まったく無関係というわけではなく、情動作用によって関連している。とくに、性はわれわれの意志に反してわれわれの行動と実存を横切り、われわれの存在のすべてにかかわるが、常に謎めいた深い闇の部分を残している。思いに対してわれわれは受動的であらざるを得ない。それはわれわれの意のままにならないものであり、思いの及ばないところでわれわれを襲ってくる。

空腹なので何かが食べたいという「意志」をもったとすれば、それは、私自身の確たる意志で行動しているというより、私の身体に作用する物理的な因果法則の帰結であり、根源的には脳の深部あるいは無意識の過程で選択されている。後付けで自分の意志だと思い込んでいるにすぎない。いずれにせよ、ある状況にさらされ追い込まれたときに、身体のほうがやむなく動き出す、もはや意志の関与しない回路があるということは間違いない。

(2)　業

人格は、過去のあらゆる経験の蓄積としての存在であって、それは経験が加わるごとに変化していくものであり、常住不変の実体ではない。それはこの世に生まれた時にはすでに、過去の経験の蓄積でもある知能、体格、体質などを担ってきている。

仏教は因縁果の理法を説く。行為があれば善悪、苦楽の果報をもたらすことになる。ものごとを複雑にしているのは、そこにインドで生まれた「輪廻」の思想が絡んでくるからである。業と輪廻の思想は仏教独自のものではない。古代インドにおいて思想家たちは、水が水蒸気となり、天に昇り、雲となって、雨を降らせる、その自然の動くさまを、自然の再生の繰り返しとして認識した。自然に対するそのような認識が、人間の生死、苦楽などのことについて演繹されて、再生の観念を浮上させた。循環と見えるはたらきのなかに、発展、成長があり、それはさらに質的変化をも考慮に入れた自然界と人間界に対する認識があったからにほかならない。

業の思想は、西洋哲学の言葉でいえば魂の不滅とか人格の無限連続性の問題と深く関連しているが、仏教ではもともと霊魂不滅を言わない。生死といっても、涅槃を求め彼岸に憧れてはいけないのであって、いまの人生に徹せよという。業という場合、悪業を戒める意味でよく口にされるものに、「懺悔文」がある。「我昔所造諸悪業、皆由無始貪瞋癡、従身口意之所生、一切我今皆懺悔（我昔造りし所の悪業は、皆無始の貪瞋癡より、身口意に従って生ずる所なり。一切我今懺悔す）」。華厳経普賢行願品の偈文であり、「略懺悔」ともいわれ、仏教一般で唱えられる。身口意とは、殺生・偸盗・邪淫の三つを身体の悪業、妄語・綺語・悪口・両舌の四つを口の悪業、貪欲・瞋恚・邪見を意識の悪業とし、悪の根源を身体と口と意識の三つのカテゴリーに分けた。欲望とか善悪というものが生きるということときわめて密接な関連にあることとしているのがわかる。仏教の善悪論は、いわば身体現象学的に解釈できる。

原始仏教に於ける無我論は我の無なることの認識であったが、のちに業の分析、哲学的追究への努力は力を失い、ついには、業とは人間存在の罪業であるとされた。三世報応説というものがあるが、三世という考え方は当時のインドの通説に従ったもので、業報の説は、仏教からすれば世俗説にすぎない。今生か次生か次々生かのいずれかに必ず善悪あるいは善悪無記の果報があるとされるからには、人間としてひとは因果の法則を逃れることはできない。自らの行為は業として何らかの報いを受ける。これを避ける道はなく、ただ受容するしかない。善業にせよ悪業にせよ、罪悪生死の凡夫には善悪を決定する基準さえない。親鸞が「善悪のふたつ総じてもて存知せざるなり」という所以である。

われわれの現実の人生は善悪、幸不幸の明暗に彩られている。だがその現実の人生をいわば不可避の烙印として全面的に受け容れようと決意するとき、善悪や幸不幸という相対的な基準を超える絶対の視点が必要になってくる。親鸞は、人間の行為としての善悪について徹底的に考えている。悪を廃して善を行うのがよいとはいえ、善とはそもそも何なのか。その結論は、世俗の善悪の判断に基づく善の実現ではなく、世間の善悪を相対化する意味をもつものであった。これが善い、あれが悪いということにどれほどの意味があるのか。そんな善悪の基準は仏にだけ許されている判断規準であって、自分などが頼るべきものではない、と言っている。まさに、煩悩にまみれた人間の立場から考えようとする。

人間は人間である限り悪人であることから解放されることはない。ここに善人という概念が入り込む余地はない。善悪の基準は、抽象論に於いては正しいが、しかし具体的に、人の善悪を判断する能力が存在しない。人間が意志してできる善悪などないと親鸞が言うとき、逆に、人間が意志してできることなどたいしたことではない、ということでもある。それは、善であれ悪であれ、根源的には避けられないものであるといわねばならない。

「本願を信ぜんには、他の善も要にあらず、念仏にまさるべき善なきゆえに。悪をもおそるべからず、弥陀の本願をさまたぐるほどの悪なきがゆえに」。絶望と歓喜、絶対的否定と絶対的肯定、この両者が「即」として成り立つ根源を「歎異抄」は「自然」と表現した。善悪を相対とし、善悪の彼岸を目指す。善悪を超越しようとする。そこでは、固定したものとして、善と悪を分けない。

(3)　諸悪莫作

道元は、「生を明らめ死を明らむるは仏家の一大事の因縁なり」と説く。一見平凡のように見えるかもしれないが、これが行動のすべてである。「生死事大、無常迅速」であればこそ、われわれ自身の生の真実が蘇り、人間存在そのものへの深い実存的な問いかけが谺のように跳ね返ってくる。この大事実の意識や自覚がどのようなかたちで行われるかによって、それぞれの人生が形成される。答えのない問いを、問い続けないではいられない人間の問い。その問いを問い詰めていくことに何の意味があるのかも分からない。しかし、問わずにいられないということは根源的な事実である。すべての人間の問題がここから出てくるということ、人間の生き甲斐や価値観が、この問いとの関係に於いてはじめてほんとうの意味をもってくるということ、これだけは確かである。

現在といまとを一瞬たりとも手抜きせずに力一杯（尽力現成、尽力経歴）生きねばならぬというように、自己を奮い立たせ、而今の有時を充実させる。「いまの世に、因果を知らず、業報をあきらめず、三世を知らず、善悪をわきまへざる邪見のともがらには群すべからず」という晩年の「三時業」の思想も、現に善というものがなされ、悪というものが避けられるということをひとえに願っているからの信念、信仰心の表れだと思われる。だから、七仏通戒偈といわれる「諸悪莫作、衆善奉行、自浄其意、是諸仏教」という法句経の句も、単に諸悪をつくるなかれというような、否定的な戒律的命令、つまり、禁令として解釈することはできない。悪は単にしてはならないものではなくて、悪はなせないもの、善は単になすべきものではなくて、おのずからなされるものなのである。

「諸悪莫作」を、「諸悪なすことなかれ」ではなく、「諸悪つくられざる」と読む。この究極的な立場とは、真理そのもの、「縁起・無自性・空」そのものの次元である。すべての事物事象は、自性をもたず、つまり、それ自身としての存在性をもたず、相互相依して互いを成り立たせ合っている。それは、例えば麦の穂が一本では立つことができないが、たくさん束ねることで束を立てることができるのに譬えられる。

われわれの日常的な認識は、本来、独立の要素として存在しているのではなく、関係性のなかでそのものとして成り立っているにすぎない事物事象を、独立的自己完結的なものとして実体化して捉えている。そして、その事物事象を対象として自己に対立させ、主体と客体との二元対立図式を作ってしまっている。しかし、仏教は、そのような誤った認識によって成立している凡夫の日常的な世界の根源に、まったき無分節の次元を本来的次元として見いだす。

唯識では、阿頼耶識という根源に於いては、私のいのちは私の意志を超えたところから与えられたものであり、そのいのちそのものは基本的に善でも悪でもないとみる。しかし同時に煩悩の源泉にもなっており、善と悪の源泉にもなっているといい、さらに、人間のいのちの最も深いところにあるものは、迷いの源泉であるけれども、同時に悟りの源泉にもなるという。悪行の機が訪れれば、制止しようとする意志に反して、深淵の淵に立つものが水中に誘い込まれるように、悪に身を委ねてしまう。そのとき彼に、自分を生来の悪人とする自覚が生まれる。悪癖がいつから生じたかは問題ではない。悪癖の執拗さに対する現在の自覚が、悪への傾向性を無限に過去まで遡らせる意識を生むことになる。

真理に立脚し、その真理を顕現すべく行う行為は、善も悪も超えている。二元対立を超えた絶対的次元に根ざした行為となり、その意味で善にも悪にも捕らわれない行為となる。その行為は、絶対的に自由であるがゆえに、いわゆる善悪に捕らわれない。一般的には悪とみえる行為も、悪とはいえない。そして、このような本来の次元へと自己が帰順することこそが悟りである。そうであるなら、この本来的次元への帰還が実現されたとき、本来的なるもの、真理そのものへの背反、すなわち、仏法への背反は存在し得ない。つまり、悪は、もはや存在し得ない。そのことをさして、道元は「諸悪すでにつくられずなりゆく」という。そこでは、はからいがない。もはや自分の意志というものもない。そのものがそのものとしてある。そこでは、意志してできることは何もなく、自力主義などといわれるようなものはすでに打ち破られている。

「善悪は法なり、法は善悪にあらず」ともいう。法は、ここでは事物事象すなわち存在を意味する。善悪とは、事物事象についていわれるが、事物事象そのものは善悪という価値判断を超えている。法が平等であるから、善悪も平等であるということになる。全事物事象が相互相依しあって、そのものとなっているということであり、またその相互相依を支えているということにおいて、どの事物事象も、同等である。ある観点に立ってAを善とすれば、それにり、Aが悪となることもあり得るということである。

相応して非Aは悪となるが、Aそのものは善でも悪でもない。無自性である。観点を変えれば、今度は非Aが善とな

（4）倫理的な企て

スピノザによれば、そもそも信じたり疑ったりするという態度は、任意の志向的内容に対して、意志によって自由に取れるものではない。信じるにも疑うにもそれ相応の合理的理由があり、われわれの信念はこのような合理性によって、全体が関連し合っている。したがって、個々の信念だけ取り上げて、その真偽を問題にすることはあまり意味がない。「もし人々が自由なものとして生まれたとしたら、彼らは自由である間は善悪の概念を形成しなかったであろう」という。

事物は「それ自体で見られる限り」、善いとか悪いとかは言えない。つまりそれ自体として善いものとか、それ自体として悪いものは存在しない。それは自然界に完全・不完全の区別がないのと同じことである。興味深いのはその理由を示す部分である。自然界に存在しない善悪の考えがもたらされるのはどうしてか。スピノザは、組み合わせとしての善悪という考え方を提案する。例として取り上げられているのは音楽である。音楽自体はは善くも悪くもない。

スピノザの企ては、すぐれて倫理的な企てである。しかも、いかなる道徳的善悪にも出発点に於いて無関係である。「貨殖や快楽や名誉は、それ自体のために求められる限り、すなわち、他のものへの手段として求められない限り有害であると知った後は、ある程度、度を超すことがなく、決して有害ではない」。つまり、貨殖や快楽や名誉は、そのもの自体としては善でも悪でもない。

同様に、「あるものを善と判断するが故に、そのものへと努力し、意志し、衝動を抱き、欲望するのではなくて、

反対に、あるものへ努力し、意志し、衝動を抱き、欲望するが故に、そのものを善と判断する」のであって、それ自身としては目的なき衝動を、われわれは意識の中で何かを実現しようとする欲望として、いわば誤認しながら生きている。その衝動はなまのかたちで意識に上ることはなく、いつも目的を持った欲望に加工される。したがって、善を行い悪を止めるという判断も、精神のなかの絶対的な意志、すなわち自由な意志によるのではない。むしろ、精神のこのことまたはかのことを意志するように原因によって決定され、この原因も他の原因によって決定され、さらに、この後者も他の原因によって決定され、このようにして無限に進むことになる。

人間は生まれついて自由なのではなく、自由になる、あるいは自ら自身を自由にするのであり、「エチカ」にはそのような人間、心の強さをもつ人間の肖像画が描かれている。スピノザの自由は、それ自身の原因に従い、自己の本性の必然性に従って活動する自己展開の自由なのである。したがって、自由勝手にそれを裁量することのできる自由ではない。われわれが自らの本性に従って自在に活動し、その活動をプロセス自身の内部から、プロセス自身の自発的展開として捉えることができるようになったとき、味わうことができる自由である。恐怖に導かれて悪を避けるために善を為す者は、理性に導かれていない。理性の指導に従って直接に善を欲求し、またその限りに於いてのみ悪を逃れる、という。

人間が善だ悪だ、完全だ不完全だと呼び慣れているものは、ものの真の認識に基づくよりも偏見に基づいている場合が多い。自然は目的のために働くものではない。神あるいは自然と呼ばれる永遠・無限の実有はそれが存在すると同じ必然性を以てはたらきをなす。「神は、何ら目的のために存在しないごとく、また何ら目的のために働くものでもない。すなわち、その存在と同様に、その活動もまた何らの原理ないし目的を有しない」。善とは、それがわれわれに有益であることをわれわれに確知するものであり、悪とは、われわれがある善を所有するのに妨げとなることをわれわれが確知するもの、と解する。そして、われわれをしてあることをなさしめる所以の目的なるものは衝動とされる。したがって、善及び悪の認識は、われわれに意識された限りに於いての喜び、あるいは悲しみということになる。しかし、スピノザにとっては、精神の最高なる善は神の認識であり、また精神の最高なる徳は神を認識することである。精神が認識しうる最高のものは神であり、それ無しには何ものもあり得ず、また考えられない。

このように、神の自由意志を認めず、伝統的な倫理観を否定するスピノザは、伝統に固執する人々から無神論者として非難され、不道徳な破廉恥漢とみなされるに到る。一般に自発的とされる人間の意志的活動をも、「自由なる原因と呼ばれ得ずしてただ必然的な原因とのみ呼ばれ得る」とする彼の説は、確かに人々を驚愕させるに十分であった。

第四章　生きることのすがた

一　実　体

(1) 実体という問題

言葉で何かを表すとき、それが実体的であるかどうかが問題になる。そもそも言葉の志向対象が生まれるということは関係づけられるということにほかならず、関係の場にあって自存的な個は存在しない。三重苦のヘレン・ケラーの場合、最初の一語を覚えてから一挙に言葉の世界が開けたとされるが、実は「最初の一語」といわれている water も、実体的な一語なのではなく、彼女が習得したのは「最初の分節」つまり water と non-water の差異化だったとされる。

実体という言葉は、日常的には正体とか実質というような意味で使われ、「あれは実体のない幽霊会社だ」などという。もともとの哲学概念としては、対象を捉えるに当たって、まず、その諸性質から独立して自己同一性を保つもの、例えば塩なら塩という「実体」を考え、そしてそれに変化する性質、例えば「白い」とか、「さらさらしている」

という属性が帰属していると考えた。実体とは、変化しやすい多様なものの根底にある持続的・自己同一的なものであって、アリストテレスでは具体的個物を指す。「実体」と「属性」との関係として捉えられた事態が、実際に言語表現のかたちを取るとき、まず変化しないであり続ける実体のほうが最初に「主語」として、そして「属性」のほうが「述語」として、「塩は白い」というかたちで言い表される。ここでは、実体とは主語となって述語とならないもののということになる。

デカルトに於いては、実体は、それ自身で存在し、他物を必要としないものとされた。それは、存在するために他のいかなるものをも必要としない。つまり、実体とはそれ自身で自足的に存在しうるものであり、他のものが一切存在しなくとも、したがって、他のものとの関係なしに独立自存しうる存在者である。それは、イデアとか形相とか本質とかいった絶対的なもの、必然的なもののことであり、現象の背後にあり、他と関係なく自体的に存在する真実在を指す。デカルトにとっては神のことであった。彼がいう神の観念の内容とは「ある無限で、独立で、全知かつ全能な、私自身と何であれ他のすべての存在するものをも（もし他に何ものかが存在するならば）創造した実体」である。

デカルトでは「明晰判明な知はすべて真なり」という要請に従って、自我は半ば独断的に「実体」と結論され、その限り自我は自己同一的である。デカルトにとって、自我は自我だけで存在できる。自我は、あらゆる変化・状態にもかかわらず、それ自身は、同一で連続している。「実体」「性質」「属性」という伝統概念に訴えてまでデカルトは、「我思惟する」という作用から「我は思惟する実体、精神である」ということを帰結しようとする。デカルトは最後には「神」という客観の保証人を持ち出す。その理由は、彼が根本では「主観・客観」図式にとらわれていたからである。しかし方法的懐疑によって一切を疑ったとき、彼はその場面では、「主観・客観」図式から考える限り問題は必ず円環すること、ただ主観の場所を徹底するところにのみ問題を解く糸口があると考えた。

フッサールによれば、意識は何よりも「はたらき」であり、「何かの意識」である。意識が働くとは、「私が、何かの対象を、思惟する」ことである。自我は、いつでも自我・思惟活動・思惟対象という志向的構造をもつ。デカルトでは自我は思惟するもの（実体）だったが、フッサールでは自我は意識活動そのもの（主観性）である。意識というものは、伝統的には、これこそが実体だと見なされたり、逆に、そんなものは現象にすぎないとされたりしてきた概念だが、フッサール現象学の「意識」は、諸現出と現出者の関係がそこで生じる場面、すなわち志向的体験であった。前意識的な「私」は、志向の背後にある一つの実体ではない。それは志向的構造それ自身の自己把握であり、決して全面的に主題化され、意識化されることはあり得ない。二元論の枠組みで言えば、意識という主観が物という客観を意識してとらえるのか、あるいは物という客観が意識という主観を刺激して何かが意識されるのか、そのどちらかということになるが、フッサールのいう意識はそのどちらの場合の主観としての意識にも該当しない。そのような主観と客観がまずあることを前提しないで、「何かを意識してしまっている」というそのことが、まず初めにあり、そこを出発点にする。しかし、こうした主観・客観の実体論的二元構造を乗り越えるためにも、主観・客観概念を用いざるを得なかったところに、この問題の難しさがある。

⑵　空の思想

仏教では、原始仏教以来の根本原理の一つに「無我説」がある。仏教以前の諸哲学思想に於いては、われわれの現実存在の中心に我（アートマン）という常住で固定的な原理、あるいは本体、あるいは機能が存在し主宰者となっているると想定し、それに関して種々の形而上学的判断を下していた。そのために、当時インドでは種々の哲学思想が互いに争っていた。しかし、仏教に於いては、そのようなアートマンは実は誤って想定されたものにほかならないと考え、これについて沈黙を守った。いわゆる「非我説」である。

この「我ではない」という説が、「我というものはない」という無我の原理となる。一切の存在は自我のような実体性をもたないというものである。言い換えれば、因果性を離れた永遠の存在はありえない。これは「空」と呼ばれ、最も中心の原理とされる。この世の森羅万象は、錯綜した連関の織りなす相依相関の結果でしかない。「私」の存在はこの関係の網の目を離れては考えられない。実体としてのあり方を離れている事の世界を、縁起の世界といい、それだけで自立的に存在するもの、実体を一切認めない。したがって、すべては無常であり、無我である。ここから「すべては空である」という結論が引き出される。「無我」は我を否定するだけであるが、「空」は我を含めたすべての存在を否定することができる。

「空」とは、「無実体性」「無分別性」といえる。その無実体性・無分別性を、とくに時間的に見たときが「無常」であり、空間的に見たときが「無我」である。感覚的世界の存在は認めるが、その実相は空であると裁定する。「諸法無我」というのは、この世の存在要素のなかのどこを探しても、「私」という絶対的な実体などないということである。われわれは、言葉によって、いろいろな概念を作り上げるが、自然物に対する概念もまた空である。自然法則や、倫理などの当為法則全般についても、根本的には空である。そして、この「空」もまた絶対化してはいけないというのが、般若経典の立場である。

唯識では、実体がないにもかかわらず、すがた・かたちが現れてくる、その元になっているものとして、阿頼耶識・末那識・意識の三つの層を挙げた。確かに、われわれの目には、いろいろな自我や物があるという様相・すがたが展開し、現象する。しかし、自我と存在は仮に説かれているだけであり、それは心のはたらきによって変容されたものであって、実体のあるものではない。実体的な私がいるとか、実体的な物があると、ほんとうはそうでないものをそうであるかのように見せているのだという。

ところが、われわれには諸法を実体として捉えようとする性癖がつきまとう。それは、われわれ自身の我性を独立自在の実体と認めないことには、生きていく拠りどころがないこと、あるいは、われわれそのものの拠りどころとなる人生・世間・宇宙を実体と認めないことには、やはり生きる拠りどころがなくなるからである。「我痴・我慢・我見・我受」とは、われわれにとって最後の拠りどころである。世界そのものが非実体的仮象であるとしても、「吾我」だけは、それとして存在する絶対的実体でなければ安心できない、というのが一般的なところであろう。

しかし、確かにわれわれの心や肉体、さらには外界の自然も、刻々と変化してやまない。空間的にも、また質的にも、一定不変でありうるものは何一つない。すべては無常である。無常は普遍的原理であり、すべては因と縁の結合のもとに生成されるから、そこには何ら固定的・実体的あるいは自己統制的なものは存在しないということを認めざるを得ない。原始仏教では「非我説」、部派仏教では大雑把に言って「人無我」、大乗仏教になって「人法二無我」の思想に徹するようになったとされるが、実体主義的存在観の超克は、仏教哲学に於いても一朝一夕にできるものではなかった。さまざまな論争や切磋琢磨を通じて、しだいに確立されていったものと思われる。そもそも空の思想は、行為の思想にほかならない。つまり、ものが不変の実体を欠いていると考えることが空の思想というよりも、ものが空であることを言葉を超えた直観で体得し、その経験をその後の生活に生かすという行為こそが、空の思想の目指すところであったといえる。

(3) 実体主義の否定

仏教は基本的にあらゆる実体主義を拒否する。このような実体の拒否こそ、また縁起の思想を成り立たせる根拠であった。縁によって生起する存在とはすなわち現象にほかならず、それはとりもなおさず現象主義でもあった。言語はもともと無限定な存在をさまざまに限定してものを創り出し、ものを固定化する。この固定化とは、言語的意味の実体化にほかならない。これに対し、一切のものには永遠不変の、限定した「本質」などというものをもたないとするのが、その根本的な立場であった。そのような実体は存在しない。だから、「空」は実体が存在しないということだといってよいし、絶対的なものは何もないということだと解してもよい。絶対的なものは何もないということは、存在がないということではない。因縁によって、あるものがある。

道元は、一切を実体として立てず、空と見る立場をその言語活動の中で自己確認し、活用している。「心迷は法華に転ぜられ、心悟は法華を転ず」（看経）という。法華経すらこれを言語表現として実体化する迷妄を、その根源に於いて強く拒否する態度を示した。本来主体が転ずべき語を、迷いが体系化し、それをかえって主体を操るものにし、主体たるべきものを支配してしまうという認識が、「法華転法華」という同一語反復でしか表現できない持続的純粋活動を現実化するという結論に繋がる。

「やまこれやまといふにあらず、山これやま、といふなり」（山水経）とある。ここには、「AはAでない。ゆえにAである」という『金剛般若経』の「即非の論理」に通じるものがある。ややもすれば、われわれは現象の根底に基体としての実体を想定する。そのことによって言語の意味が確定すると考えられる。そこに観念が生じ、執着が生じる。ところが、その実体が存在しないことをいうのが「空」である。それによって言語の意味そのものが流動化し、不確実性が生じる。われわれが確定したと考えていることばの意味は、実はそれほど確かなものではない。われわれが固定化して考えていることばと意味の関係を流動化させるとき、より高次の世界が開かれてくる。とはいえ、またこの基体を否定する「空」にも、たえず基体としての「空」が入り込む可能性がある。「空」のもつ自己否定性が失われ、現実をそのまま絶対的に肯定してしまう危険性がたえずある。

「仏性」と聞いて、人は、仏性とは我における「覚」の本性であると見、それがあたかも草木の種子が生長し、枝葉を出し、花を咲かせるようにあらわれると見てしまうのである。このような見解を否定して、「偏界不曾蔵といふは、かならずしも満界是有といふにあらざるなり。偏界我有は外道の邪見なり」という。「一切衆生即仏性」の意味に於いてであるとともに、「有仏性の有、まさに脱落すべし」であり、衆生を説いてそれを越えるばかりでなく、仏性を説いてそれを超えるのでなければならないという。ここにあるのは、「有」によって仏性を実体とすることの拒否であり、そういう見方に対する批判である。仏性は成仏の可能性といわれるが、それを実体的な本性ととらえるのではなくて、あくまで実体否定の立場に立っての「有仏性」とみる。

あらゆる実体主義からの脱出の境域、道元のいう「透体脱落」の場面も、再び「存在」へと捉え込まれる危険に絶えずさらされている。つねに「神秘主義」の再登場の余地があり、「直観」とか「直覚」などといったものがその担い手となって、そのような「存在」との「合一」なり「一体化」なりが称揚されることになる。禅の歴史に於いても、そのような繰り返し現れる偏向によって織りなされている。道元に於いて一貫しているのは、そのような傾向に対する厳しい批判であった。

あらゆる実体的存在の設定を排除するものとしての、仏教的思惟の徹底的なかたちを示すものといえる道元の思想に於いて、それでは何らかの「神」のごときものは存在しなかったのかと問えば、それは存在するはずがないと考えるのが妥当であろう。しかし、そこに「祈り」にあたるものがあったこともまた確かである。道元の言語活動を支えていたのは、ほかならぬ「自未得度先度他」の誓願であった。「発菩提心」の主軸となるのが、「自未得度先度他」（自己はまだ渡りえないうちにまず他者を渡す）ということである。衆生を利益するというのはどういうことかといえば、衆生をして自未得度先度他の心をおこさせることである。この願いの心は、もはや自己のものでもなく、他者のものでもなく、どこから来たというのでもない。自己に徹することは他者に徹することであり、他者に徹することはすなわち、自己に徹することになるのである。それが自然に従うということであり、自然に於いて語られていることであり、それを聞き届けることが道元にとっての仏教の根本ということになる。

（４）実体としての神

デカルト、スピノザ、ライプニッツの哲学は、ふつう「大陸合理論」と呼ばれる。彼らは生成変化する現象の奥に恒常不変の実体を主張し、神学的形而上学を構築したとされる。その実体概念は相互に異なっており、一般的にはそれぞれ二元論、一元論、多元論として、あるいは有神論、汎神論、唯心論として特徴づけられるが、その哲学の本質が実体論であったという点では一致している。

ただし、スピノザの神の概念と、より伝統的な見解との間には重要な違いがある。神と世界あるいは宇宙は、お互い異なる二つの有ではない。スピノザの言い方に従えば、これらは、二つの実体ではない。つまり、一方（世界）が、創造後もう一方（神）とは別に、あるいはもう一方の外に存在しているわけではない。神は、世界の外部にいてそれを創造するのではなく、世界の「なかに」いて、自らが創造するものとともにあり続ける。神は万物のなかにあり、神のなかで動く。スピノザは「神即自然」を実体と呼ぶ。

神は能産的自然であり、世界ないし宇宙はあらゆる有限の物体の総体、神が様態化されたものである。スピノザの主張が非正統的とされるのは、同じ種類の実体が複数あることはできないとする点である。また、それに関係する、どの実体も有限ではなく、どの実体も他の実体を生むことができないという命題もそうである。これが非正統的であるとされるのは、一七世紀の標準的な用法では、実体とは特定の有限の物体を特徴づけるものだったからである。スピノザはこの用法と袂を分かち、そのようなものを実体と呼ぶのを拒絶した。スピノザの神は、あらゆるものの内在的原因であって超越的原因ではない。あらゆる有限者はこの実体のうちに存在する。スピノザに於いて超自然は存在しない。神は存在するがままに産出する。属性の一義性は、原因一義性にそのままに引き継がれる。精神は思惟の様態であり、物体は延長の様態である。思惟も延長も神の属性である。そして、それぞれの神が神の力を表現している。われわれ一人ひとりは、神の存在の仕方を表現する様態である、ともいえる。神が一定の形態と性質を帯びて発生するのが個物である。個物はそうやって生じるのだから、条件が変われば消えていく。神のみが実体であると宣言することによってスピノザは、人間を実体の単なる様態に還元し、それによってわれわれを死せるものとした。しかし個物は消えても、実体は消えない。水は、水としては生じかつ滅する。しかし、実体としては生ずることも滅することもない。

「神あるいは自然が何故にはたらきをなすかの理由ないし原因と、神あるいは自然が何故に存在するかの理由ないし原因とは同一である。ゆえに神は、何の目的も有しない如く、また何ら目的のために働くものでもない。すなわち、その存在と同様に、その活動もまた何らの原理ないし目的も有しない」。われわれが悪と呼ぶすべてのものも、われわれが善と呼ぶものも、まったく同様に神の「なか」にある。しかし、スピノザによれば、絶対的な意味でどんな善もどんな悪もない。善と悪は相対的な知見である。すなわち、われわれに相対的な知見であり、われわれの個別的な利害や用途に相対的な知見である。スピノザの神、あるいは、自然ないし実体は、完全であるかもしれないが、善ではない。スピノザの思想に確かに神はいるが、人間的イメージの、先見の明を有する神はいない。スピノザの神は、われわれの感覚の前にあるすべてのものの根源であり、またあるもののすべてである。

スピノザに於いては、一切が実体としての神であり、そのように語りながら、デカルトをはじめ伝統的に認められてきた神の実体性を厳しく批判した。この批判は、世界の外に立つ創造者であり超越者である神を、絶えず否定し続けるということである。言い換えれば、その神の実体性を乗り越えるために、実体としての神を主張するということでもある。スピノザにとって唯一の実体を信じるが故に、諸々の実体を徹底して否定する。この実体としての神とは、スピノザの「祈り」である、ともいえる。もともと仏教に於いては「一切は空」ということによって、一切の実体を否定しようとした。「色即是空、空即是色」というが、「色」には実体があるように見えて実はそれには実体も何もない。何もないことは、実は実体に溢れているのと同じということになる。問題はその実体の捉え方にある。もしその実体を、いわゆる実体ではなく「祈り」と見るならば、すべては「祈り」のうちにあるともいえる。

二　真如と相

(1)　実体と属性

スピノザによれば、われわれは自然を完全そのものとして、つまり善悪の彼岸にあるものとして観想する。このとき、「われわれ自身のよりよき部分は全自然の秩序と一致する」。それは自然をわれわれの側から見るのではなく、自然そのものから見ることであり、われわれの自己というものが全自然の中に消失し、融解する。そこには徹底した自己否定がある。絶対無の立場に立つならば、そこには我もなく神もない。絶対無のはたらきそのものが、実は実体としての神であり自然である。山はこれ山、水はこれ水として、あるものがあるようにしてある。それが、自然の属性としての相にほかならない。そこに絶対者はいない。相対と絶対は一つである。相対を単に超越したような絶対者、あるいは相対に対する絶対者はいない。

絶対なる神とは何か。もしそれが、すべてのものの上に立つ存在というなら、それは未だ絶対なる神ではない。すべてのものと対立する相対的な神であるにすぎない。真に絶対なる神とは、われわれがすなわち神であるところの神である。これはまさに汎神論となる。汎神論とは、神と自然を同一視して神即自然と考える立場をいう。神を超越者とは考えず、自然をそのものでもある存在と考える。自然はもはや被造物ではなく、みずからを産み出す「能産的自然」と考えられる。そして、それが神であり、いわゆる自然物はこの能産的自然から産み出された「所産的自然」である。われわれは神をわれわれの外に見るのではなく、内に見ることになる。

「産み出された自然」ならざる「産み出す自然」のなかに「自己原因」として神そのものを見るスピノザの自然観

は、抽象的な精神の生成の痕跡として自然を見るシェリングのそれよりも、より私たち日本人の自然観に近い。西洋世界のそれまでの主要な哲学や宗教では、神はこの世界の創造者として世界を超越している存在者である。しかしスピノザの世界像では、神とは自然世界全体の別名にほかならず、世界を超越してはいない。世界とは神即自然の、一元的な全体である。神あるいは自然は、無限という本質ゆえ、無数の属性をもつ。属性は神の本質を構成し、神の力を表現する。自然のなかに於ける一切のものは神あるいは属性の変状もしくは様態である。これは個物という名で呼ばれる。神は本性の法則によって万物を必然的に生ぜしめる。

神のみでなく、いわば被造物すら実体とみなされるのがスピノザ以前の哲学にとって伝統的なことであったとすれば、スピノザの場合実体とは、存在そのものとしての自己原因、つまり神のことであった。それ以外にはいかなる意味に於いても実体の存在を認めなかった。それゆえ、彼には実体といえばデカルトの言う無限実体しかありえなかった。この意味で実体は唯一でしかない。ところが、ライプニッツは被造物の個体を実体と称した。とすれば、スピノザのように神のみを唯一の実体と認めることは、西洋の哲学の歴史に於いて特異なことであったと言わねばならない。

その存在のために他のものを必要としない実体は、いかなる意味に於いても自分に対立するものをもたない絶対的存在と見なされる。この点、キリスト教の神も絶対的存在と見なされ、スピノザの実体と何ら異ならないように見える。しかしキリスト教の造物主としての神は被造物としての世界を超越した存在と見なされる。ここでは神は世界を超越することによって、世界と対立する。神と世界とは彼岸と此岸のように対立し合っている。

「神が唯一のものであること、言い換えれば、自然の内には唯一の実体しか存在しない」といわれるとき、自然のうちのあらゆる有限者はこの実体のうちに存在することになる。かくて、神あるいは実体の唯一性、絶対性は、自然と神との同一性に行き着くことになる。スピノザにおいて超自然は存在せず、自然のみが存在し、「自然＝実体＝神」

となる。

「神の他にはいかなる実体も存し得ず、また考えられない」といい、「神は実体の本質を表現するあらゆる属性が帰せられるところの絶対に無限な実有である」という。スピノザの神は、狭い枠の中に止まるものではなかった。人間の認識し得ない無限に多くの属性をもつこと自体、それが非人格的あるいは超人格的であることの表れである。

一切の起成因が神であり自然の出来事の一切が必然の結果として認識されるならば、われわれは必然性を受け容れねばならない。その必然も然り、われわれは悲しみさえもその原因を十全に知解すれば、喜びに転じうる、とスピノザはいう。いまここに、こういうすがたで生きているということ、そしてそのいまある自己のすがたは、その神、つまりは能産的自然のいのちのはたらきを分有し、それを本質としてそこから自己のはたらきのすべてが産み出され、現象しているのだという。

「個物は神の属性の変状、あるいは神の属性を一定の仕方で表現する様態にほかならぬ」のであり、スピノザによれば精神も身体も、精神の本性もデカルトにおけるような実体ではなく、実体の様態である。前者は思惟の属性から生じ、後者は延長の属性から生じている点だけが異なるだけである。延長の様態としての身体も、思惟の様態としての精神も、それぞれ自らの属性から同じ秩序、同じ必然性から生じてくる。つまり、「観念の秩序と連結はものの秩序と連結と同じである」と主張される。

スピノザのいう意志は、われわれが日常言語に於いて理解する意志とはまるで異なっている。このことは、「精神の中には絶対的意志あるいは自由意志は存在しない」という彼の言葉からいっそう明らかになる。すなわち、意志といえども、思惟の様態である以上、他のものに限定されて、決して自由ではないからである。

神が、自身の本質をなしているその同じ属性に於いて万物を産出するということ、またこのことから、神は自己原因であるというのと同じ意味で万物の原因であるということが導かれる。神は存在するがままに産出する。こうして、属性の一義性は、原因の一義性にそのまま引き継がれることになる。スピノザは伝統の意味を二重の意味で逆転している。

実体の無限に多くの本質も、形相的には、それを表現している各属性に於いて実在的に区別されるが、存在論的には、それらすべての属性がそれをそこに結びつけている実体に於いて一体となる。各属性の実在的・形相的な区別は、実体が、絶対的・存在論的には一つであることと対立するものではない。反対に、この区別こそが実体の単一性をつくりあげている。

属性は、知性による捉え方、認識様式ではない。スピノザ哲学における知性は、存在するものしか知覚しないからである。属性は、超越的な実体から発出したものでもない。実体が属性に比べて、また一つの属性が他に対して、優位にあるとか卓越しているといったことは一切ないからである。すべての属性は、おのおの一定の本質を表現している。

われわれは神のすべてを認識するわけではない。われわれにはただ、自身のありようそのものに含まれている二つの属性についてわれわれが認識するすべてのことは絶対的に十全であり、十全な観念は、神のうちにあるがままに、われわれのうちにある。人間もまたその所産的自然の一部分にすぎない。しかし、そこには無限なるものが宿っている。人間が有限な様態である限り、もとを辿れば実体の一つの属性である思惟属性の活動に依存している。その存在に促されてのみ人間が思考する能力を与えられている。その活動は「自然の秩序」から逸脱しては在り得ない。

全宇宙は延長属性の「全宇宙のすがた」として具象化され、人間身体はその一部に含まれる。その部分としての個物の存在が一体的な自然全体の有機的連関のなかに包含される。スピノザは、そのことを「われわれの身体の持続は自然の共通の秩序と諸物のしくみに依存する」と表現している。神は無限の属性を持つ、原因のない永遠の実体である。神は自然であり生き物に最も明瞭に顕れている。それは、「神即自然」という表現によく言い表されている。

(2) 考えるということ

デカルトは、誤りに対してより用心するために、彼が少しでも疑わしいと考えられるすべてのものを、絶対的に虚偽なものとして斥けようとした。正しく考えることは正しく見ることである。思惟は常に対象に即さなければならぬ。真の理性とは、まさしくそれである。デカルトは理性という言葉を避けてボン・サンス(良識)という言葉を用いた。デカルトにとって「何であるか」と問われるべきその「私」とは、私の意識に与えられ、知られた限りでの私(私の観念)にほかならない。デカルトの導き出す結論は、第一に私に属するものは思惟のみであり、第二に、思惟する私は「思惟する実体」=精神だというものである。

「私は疑う」ということから、直接的に「私はある」が帰結されるのであるが、「私は疑う」ということを突き詰めれば、「最高に完全な存在者」の観念が先にあるということが理解され、その観念が表現する内容は「私」によっては形成されず、その存在は「私」を超えた存在として確信されるのでなければならない。デカルトは、「神」の観念内容を前に、有限性と無能力性を際立たせ、その観念を外から刻印した存在として神の存在を帰結する。

デカルトは、「私の存在」の原因は、それ自身が無限かつ最高に完全な存在で、それ自身がみずからの存在の原因である「自己原因」としての神でなければならないという。この「自己原因」というのは、それまで神について考えられてきたような、「存在するために他の原因を必要としない存在」として、消極的に考えられる存在ではなく、積極的な意味で、それの「広大無辺で理解不可能な能力」によって、自己自身の存在の原因である存在である。

デカルトは、理性が経験とは無関係に、自己自身の力で必然的に認識する先天的能力を、「自然の光」と呼んでいる。さらに、神のみが唯一の認識であり、そのなかでのみ「認識」と「対象」とが完全に一致するという。疑う者として不完全な「私」が神の観念をもっていることは、神があり神が「私」の内に神の観念を植え付けた、としてしか理解できない、ということである。「我疑うゆえに神あり」ということであり、「我考うゆえに神あり」といってもよい。

これに対して、フッサールでは、それ自体で成り立つ永遠の真理というものはなく、主観性との相関関係から離れた真理というものはありえない。フッサールは私たちのあらゆる認識や判断の隠れた前提となっているこうした「真理妥当」や「存在妥当」を、必ずしもその「妥当」の根拠が明らかでないがゆえに（あるいは、その根拠を明らかにするためにこそ）いったん「停止」することを求める。これは、個々の認識判断のそのつどの停止ではなく、あらゆる判断の根底に働いている「世界の存在を妥当させること＝世界を実在として承認すること」（これを世界の一般定立と呼ぶ）の停止なのである。ここにいう「停止」は、決してデカルトの場合のように「偽とみなして」（すなわち「偽」という判断を下して）それを「斥ける」（すなわち「否定する」）ことではない。

デカルトの方法的懐疑は措定を反措定に転じ、非存在の推定によって排去を実施するのに対して、フッサールはそこから「括弧入れ」や「排去」の操作だけを取り出し、不動の確信と判断中止とが互いに相容れるものとする。デカルトは、人間から身体を排去した後に残る心や魂や知性を自我とみなしたということ、ところが心や魂や知性は、この私がまだ人間であることを前提とした上で、この私の中に残るものとして考えられている限り、デカルトの自我はまだ人間的要素を残しているということ、つまりは自我を脱人間的な意識の純粋性においては捉えていないということ、これがフッサールのデカルト批判の要点といえる。要するに、判断中止をするのであれば、自分を人間と見なすことにも及べ、とフッサールは主張しているわけで、これによって日常的意識の主体たる私は排去されることになる。

ところが、この現象学的還元を、デカルトの目指したような、どんな原理も前提としないで新たに原理を見つけ出していく方法だと決めつけるなら、フッサールのやり方には、何か循環に近いものがある。フッサールが最も力を込めて解明しようとしていることを認めれば、何かを真だと前提にしたり定立したりしないようにすることが大事なのではなく、私たちがいかに定立しているかということを探究することが、フッサールの方法の目指すところだと思えてくる。

フッサールによれば、意識は何よりも「はたらき」であり、「何かの意識」である。意識が働くとは、「私が、何かの対象を、思惟する」ことである。自我は、いつでも自我・思惟活動・思惟対象という志向的構造をもつ。デカルトでは自我は思惟するもの（実体）だったが、フッサールでは自我は意識活動そのもの（主観性）である。「実体」は「それ自身によってあり、それ自身によって解される」ところの存在者だと定義される。実体の、そういう「自己原因」の性格を徹底させれば、自我を超えて唯一なる神になるはずである。この道を選んだのがスピノザであった。

スピノザの体系を構成する「エチカ」において実体の単一性が、神学者たちの留保を無視して、デカルトが神に付した「自己原因」という積極的概念から出発して、幾何学の様式で証明される。それはあらゆる類における絶対的無限者から出発し、存在論的論証の上に確立される。それは、悟性作用によって実体の本質を開示するところの属性の定義を再び用いる。そして、可逆的交互作用を欠いたそれら異質の属性の内でただ二つ、思惟と延長のみが認識される。

スピノザは、デカルトから「思惟」と「延長」の二元論は受け継ぎながらもその「思惟」については、デカルトと逆に、それを「思惟の主体」の意識のほうではなく、「思惟の内容（観念）」へと同化させる。そこで、自己意識は内実を失うことになる。「スピノザの心の哲学」は諸々の観念の間の必然的連結を追求するものであり、唯物論とは異なるが、それは究極的に自己意識を消去する方向のものである。

スピノザは、心的諸状態を、身体の変容が暗号として全体論的に解読されるとき、その意味として理解されるものとみることによって、デカルトにとってあれほど問題であった心身問題の難問に答えている。スピノザにあっては、身体諸状態を、それぞれの対応する意味（知覚像など）へと意味づける能動的主体など問題ではない。記号表現は、全体論的にのみその意味を問うことができるのであり、そのさい意味付与する主体など想定する必要はない。

存在論的に第一位にあり、かつ一切の有限性が否定的に決められる無限の観念に拠るデカルト的証明の本源は、必然的に、スピノザにとっては「すべて在るものは神の内に在る、そして神なしには何ものも在りえず、また理解され得ない」ということを導き出す。この絶対性は存在の全体を包含し、その積極的統一性は、自己の外にある一切の実体を排除する。有限のもつ否定性は「何であれ本性の存在の絶対的肯定」を必然的に無限なものとして措定する。

スピノザは思考と延長を同一の基盤に据えることで、そしてまた両者を単一実体と結びつけることで、デカルトが直面し解決できなかった問題（二つの実体の存在とそれを統合する必要性）を克服したいと願った。表面上、スピノザの解決法にはもはや心と身体の統合や相互作用は必要なかった。なぜなら、心と身体は同一の実体から同時に生じ、異なるすがたを取りながら完全かつ相互に相手を真似ているからである。

スピノザは、デカルト批判と、ユダヤ教およびキリスト教神学とに対する批判を通じて、神を絶対無限の存在（実体・能産的自然）として捉えることになった。デカルトにあっては、神は完全性とか、永遠無限な存在者として捉えられている。しかし、スピノザでは、それは神の特性を示しているだけであって、神の本性ないし本質を表現するものではない。

デカルトによれば、すべての人間は、真か偽かを判断する能力である理性、精神、または良識を生まれながらにしてもっている。「方法序説」冒頭「良識はこの世で最も公平に分配されている」という彼の言葉は、このことを表す。しかしたとえ、誰しもが理性を公平に具有しているにしても、それを正しく使わなければ、理性がまさに理性として機能することにならない。理性を正しく使用するということが、哲学の最初の仕事であった。デカルトは、われわれの「自然の光」を曇らせ、理性に耳を傾ける能力を減ずるおそれのある多くの誤りを指摘した。すべての人が本来理性を平等に持っているにもかかわらず真実が見えないのは、理性が偏見によって曇らされているからだと考えた。これは如来蔵思想に似ている。その観点からすれば、スピノザにとっての唯一の「実体」、彼はこれを神または自然と呼んだが、これは「真如」ないし、「体」といってもいいものとなる。実体は無限の「属性」をもつが、人間に現れてくる属性として、思惟と延長をあげた。これは「相」といってもいい。

(3) あるがままにあること

われわれは無常を生きているが、その中で事象をあるがままに見据える行為を通して、一切が空であることを如実に知ることになる。仏教では、人間にとって不可知なるXとしての、根源的自然、いわゆる人間と自然とが分かれる以前のあるがままの自然をいいあらわすのに、真如ということばを使った。釈迦が説いた仏教は、本来すべてのものがあるがままのすがたを、あるがままに平等に認める真如の思想に貫かれている。

そこで、その真如を最も普遍的で何ごとにも当てはまる真理として、心をその根底に据えたのが「大乗起信論」であった。心が元来真如なのだとすると、悟りという点からすれば、もともと悟っている、あるいは悟りのもとをもっているといえる。修行によって「不覚」が「覚」に到ったとき、「心生滅」は「心真如」となり、仏のすがたになるとする。そして、「心真如」と「心生滅」領域との特異な結合、両者の本然的相互転換の場所を、阿頼耶識と呼ぶ。

唯識哲学は、瞬間ごとに生滅する煩悩を伴った心の考察から、現象的存在の空を高次の実在として真如を積極的に定立した。衆生に内在しながら本質的には煩悩の汚れから離脱している不変異の最高実在に関する思弁は、その一部門であった。私たちの目にはいろいろな自我とか物があるという様相・すがたが展開する。けれども、それは識・心のはたらきによって変容されたものであって、実体のあるものではない。実体がないにもかかわらず、すがた・かたちというものは現れてくる。そのもとになっているのが阿頼耶識である。唯識では、言語の上の仮構の世界はもとよりまったく無実として退けているばかりか、事実の世界、現実界というものが、すでに幻だという。この世界は心が映しだしている世界にほかならないことになる。唯識思想は如来蔵思想とともに、般若経典や中観派の空の思想に連なっている。

あらゆる衆生が如来となる可能性をもつか、涅槃の境地にいたり得ぬか、その差別は自我意識に伴われた悟性的思惟にとってのみあるもので、法界におけるあらゆる存在者の根源的同一性の中にその差別は解消する。この点を明らかにしたのが如来蔵思想であった。それは、如来の法身の遍満性を強調し、法身があらゆる衆生に及んでいること、法身・真如に浸透された衆生は、煩悩に汚されてはいても、可能態における如来として本質的に清浄であることを明らかにしようとした。

如来蔵思想も唯識思想も華厳経の三界一心の思想の展開であるが、心を真如とするのが如来蔵思想で、心を阿頼耶識とするのが唯識思想である。自覚されてもされなくても、真如が本来心の本質なのだという点を重視すれば、如来蔵思想になる。生じたり消滅したりしている眼前の諸々のものが華厳哲学の考える法界であり、それは誕生や消滅の基体なのである。さらにそれらのものは、聖なるものとしての価値を帯びることになる。法という言葉は、仏教では相反する二つの意味を持つ。すなわち、現象世界を表すときと、絶対世界を表すときがある。しかし、仏教に於いては、諸法を離れた単なる法性はあり得ず、単なる超越者はあり得ない。大乗仏教に於いては、あくまでも無常観に貫かれた空をその前提とする。

ものは空であるというのが、少なくとも初期大乗経典、とくに般若経の主張であった。「色即是空、空即是色」という表現は、もともと色には実体がない、永久不変な実体がない、無常なものだということであった。一切が仮象であり、仮象ならざるものはないという仮象性の徹底を、龍樹は空の語で表した。無常は、存在者を貫く存在論的本質の冷徹な認識である。しかし、同時に生成という意味を含んでいる。一切が空であるところに於いて、空は肯定の根拠となりうる。否定して否定し尽くしたところに光明が出てくる。色の存在論的本質を空として根源的に否定するとともに、本質的には空であるからこそ、色も色たり得るのだとして限定的に肯定する。無常なるがゆえに、刻一刻が深い意味を持つ。

無常は人生そのもの、世間そのものの属性であって、逃れようとしても逃れうるものではない。この世の森羅万象は錯綜した連関の織りなす相依連関の結果でしかない。私の存在はこの関係の網の目を離れては考えられない。縁起観は、それだけで自立的に存在するものを一切認めない。諸行無常は是生滅の法であり、人生も世間もこの生滅裡にある。一切衆生、森羅万象、法性のはたらきでないものはない。無常な時間、転変の歴史が、そのまま法性のはたらきとなる。

しかし、確かに空は基体の否定であって、その点で無我を受け継ぐものであるが、それを空と命名することによって空そのものが今度は新たな基体として立ち現れる可能性がある。中国で展開した天台や華厳にしても、一切が空であるという仏教の大前提は守ってはいても、時代の経過とともに、空あるいは心に、生滅の彼方に存在する恒常的な根源存在であるという側面を与え続けた。存在するものはすべて空しいかもしれないが、その空しいものを肯定せよ、この仮なるものを愛せよといい、そこに全面的肯定が生じる。いったん否定されたものが絶対的真理の光によって再び肯定される。そのとき、何々がないという否定的な側面が強調されるのではなく、空が肯定的に解釈されてあらかじめもののように真理として存在することになってしまう。「色即是空、空即是色」という表現が、色すなわちものは真実だということになる。もともと色には実体がない、永久不変な実体がない、無常なものだという側面が支配的であったのが、そのものこそが真如であるとされ、安易な現実肯定がまかり通ることにもなった。

本来、仏教は感覚的世界の存在は認めるが、その実相は空であるとする。ものは空しい在り方でしか存在しない。現象の背後に他と関係なく自体的に存在する真実在はない。無我とは一切のものには固有の自立的・自存的実在がないということである。にもかかわらず、個々の現象である事と諸現象の普遍的原理としての理との相違を明確にするのではなくて、それらが融合・相即して、個々の現象がそのまま不動の固定的原理によって支えられているとされることにもなる。「諸法は空」「諸法は実相」ということが、現象がそのまま実相であるというふうに捉えられ、自己否定を伴わないで相反する二つの極が無媒介に同一視されるという過ちを犯すことになる。「煩悩即涅槃」ということばも、不断の自己否定を行うものにとってのみ本当の意味をもつ言葉であって、俗なる世界と聖なるものを安易に結びつけることではない。そういう矛盾を批判したのが、法然であり道元であった。

(4) 諸法実相

もともと「大乗起信論」では、本来人々がもっている悟りの性質を本覚という。しかしこれが日本に入ると、それは悟りの可能性としてではなく、人々はすでに悟っていて、それに気づいていないだけであると考え、この現実を絶対的な肯定として捉えるようになった。これを本覚思想という。真理そのものである法身があらゆるものに遍在するという考えから、草木も仏のあらわれであり成仏するという思想が生まれた。

中国の天台や華厳をうけて、眼前に展開するものがそのままで真如として存在し、しかもわれわれの周囲に存在するものすべてが、一つの調和ある存在であるという考え方は、あらゆるものにアニミスティックな生命を認めようとする日本人には都合のよい世界観であったともいえる。もともと日本人には、眼前にあるもの・色が本来は無・空であるなどという思想は、なかなか理解することが困難であっただろう。空海・最澄から、それを批判した鎌倉新仏教まで、その思想構造は、世界と自己の聖化という点で類似しているという指摘もある。

天台の「摩訶止観」では、天地万物の力は一つになって一物の中に凝集し、また一物の力は広がって天地万物の中に遍満する。極大の宇宙は、その果てを追究すれば無限に拡充していくものであるとともに、極微の粒子もまた顕微鏡的に拡大するならば、無限の全体宇宙であることを知る。これは「心は是一切の法、一切の法は是れ心」と表される。この一念三千の宇宙実相を体得することを究極の目的として実践論が展開する。人間の目からするとこの世のすべてが実相というふうには見えないのは、見ている人間が虚だからである、仏の目で見るとこの世は実相と見える、とする。

しかし、本覚思想の主張するように、人に仏性があり、諸法が実相ならば、何ら努力をしなくても救われるはずなのに、実際はそうなっていないというのが、法然の平安仏教に対する批判であった。本来それは、不断の自己否定と、それによる自己の再生を実現する行為システムであったにもかかわらず、その諸法実相論や本覚思想は、実践を伴わない空虚な理論になってしまっているのではないか、と法然は主張した。人間であって凡夫でないものがいるだろうか、しかもただ凡夫だというだけではなく、みな濁世を生きることを余儀なくされている凡夫として生きるほかないのだと考えた。世界と自己とが、絶え間ない否定作業、諸法は空であると捉えることによって、常に新しく生まれ変わることを、法然は念仏で行い、道元は坐禅によって行った。即身成仏論の現世的性格を生かしながら、再び修行成仏的側面を採り入れて、仏教の宗教としてのエネルギーを取り戻そうとしたのが鎌倉新仏教の運動であった。

道元の本覚思想批判について、すでに議論がある。袴谷憲昭は、本覚思想に本質的に欠如しているものが因果や縁起であり、それゆえにこそ、「深信因果」を強調した晩年の道元の考えを強調する。人が死してすべて真如という源に帰するのであれば、死は悲しむべきものですらない、本当の仏教は、無常に徹することによって悲しみを深めていくのだという。道元の思想を空なる般若の系統に位置づけながら、それを大乗起信論と矛盾しないかのように扱った解釈を批判した。

これに対し、松本史朗は、まず道元の「弁道話」における心常相滅・身滅心常説批判を、仏性顕在論による仏性内在論の批判であると規定した。道元は「弁道話」で天台本覚法門を批判したのではなく、むしろその仏性顕在論を継承したのだとする。そうなると、道元は初期に於いて天台本覚法門とまったく同様に仏性顕在論という極端な如来蔵思想、つまり全肯定の論理を説いていた、言い換えれば、道元は本覚思想によって本覚思想を批判したことになる。

道元の立場は、いわば一元論の究極であり、本覚思想の徹底としての絶対的一元論と解し、道元は、徹底した本覚思想によって、未だ徹底していない本覚思想を批判したのだという。ただ、如来蔵思想としての性格をもちながらも、仏性内在論を否定し、仏性顕在論であっても修行を必要としていたとし、それを如来蔵思想批判の発展形態として評価する。それは、修を立てることにより本来成仏の修行否定論に陥ることを防ぎ、証を修の次元まで下ろすことにより、修行成仏的に悟りを遠くに押しやることを防いでいる。

修行についていえば、道元は修行すれば彼岸に到るとは考えなかった。彼岸に到るために修行をするのではない。修行した結果、悟りの彼岸に到ることができるとは考えない。なぜならば、彼岸に到っても修行があるからだ、という。ひたすら修行を続けていくということが、彼岸に到達していることなのだという。道元は「身心脱落、脱落身心」の境地を開いた。身心の脱落とは、一切のこだわりをなくした状態であるが、だが、それにさえもこだわらないことを言った。それは単なる境地というよりは、無限に展開していく力を秘めている。決して悟りの境地に止まっていない。道元は「冬草も見えぬ雪野の白鷺はをのが姿に身をかくしけり」と詠んだ。枯れ草一つ見えない真っ白な雪景色のなかに一羽の白鷺がすっくと立っている。雪も白く鷺も白い。鷺は雪の中にとけ込んで、いるのかいないのかわからない。これはその脱落のことを言っている。

また、道元にとって坐禅も言語による表現行為も同じく重い意味を持っていた。例えば「古仏心」という何らかの固定的なものがあるわけではないということを強調するために、「古仏心」は「古」と「仏」と「心」に分解され、一つの存在として、位相の差をもちつつ、それぞれが、言葉を越えた、根源的な何ものかを表すものとされる。そして、分解されたそれぞれは、入れ換えられ並べ換えられていく。これは、言葉によって指示される存在、すなわち根源的なものの表現が取り換え可能だということを意味する。道元は、言語化不可能な真理をあえて言語化しているという逆説的事態を自覚している。

われわれが確定したものと考えている言葉の意味は、実はそれほど確かなものではないのではないか。われわれが固定して考えている言葉と意味の関係を流動化させるとき、より高次の世界が開けてくるのではないか。ここに、即非の論理がなければならない。固定できないものを、とりあえず固定するのが、言葉の世界であり、論理の世界である。したがって、固定できない事物の真相に迫ろうとすると、「AはAではない。ゆえに、それはAである」と言わざるを得ない。

花は花でないから花である。空を花として意味づけることで花が立ち現れてくる。それを現成という。日常的な固定的要素としての存在が空へと還元されることが解脱であり、空からまた存在が現れてくることが現成である。われわれの生に存在論的根拠はどこにもない。法は確固不変なるものではなく、実に虚無のそこなき深淵と隣り合わせの危機的存在なのである。それを自覚することのうちに、修も証もある。山河大地に仏性があるのではなく、山河大地に一体化する修・証に仏性がある、といえる。身心一如の立場からすれば、滅びるのは身体だけでなく、心もまた滅びる。しかし、滅びないということからいえば、心だけでなく体もまた滅びない。滅びることと滅びないこととは反対でありながらしかも一つである。生死を解脱したところは、生死と別にあるのではなく、生死そのものになりきるところにのみ開かれる。

第五章　生きることの自由

一　偶然と必然

(1)　偶然ということ

生命を特徴づける分子はきわめて複雑である。宇宙の歴史の中でその生成の可能性を考えたら、生命は偶然にしか生まれない。遺伝子の文章ともいえる核酸分子の並んだ配列が作られる確率は、宇宙の広大さや一三七億年という宇宙の長い歴史を考えても、限りなくゼロに近くなる。したがって宇宙に生命の存在は稀だという。

一方で、われわれがいる銀河でたまたま地球が太陽の近くに誕生し、われわれは太陽の恩恵を受けて生活しているので、太陽を特別な存在だと思っているが、物理学の立場から見れば、太陽は特別な存在ではなく、数ある恒星のなかの一つにすぎない。もしさまざまな宇宙が無数に存在するのなら、われわれは無数にある宇宙のなかで、たまたま自分が存在できるような宇宙に存在しているだけ、ということになる。そうだとすれば、人間はこの宇宙のなかで特権的な位置にあるどころか、ありがちな罠にはまり、われわれの宇宙は唯一無二であり、宇宙はこのようなものでしかありえないという自己中心的な解釈をしていたことになる。

場合によっては、人間はこの地球上にこの宇宙にいても不思議ではないが、逆にいなくてもかまわない存在である、とも考えられる。人間のような生命体がこの宇宙に溢れているということは必ずしも絶対的なことではなく、この地球上に人類が誕生したこと自体、偶然であるともいえるからである。

さらに、太陽系で唯一の熱源は太陽であり、結局は地球は太陽と運命をともにする。数十億年の後に太陽が老年期を迎え、赤色巨星になった段階で、現在の一〇〇〇倍以上の太陽の光と熱にさらされて、地球は蒸発してしまう。地球上で繁栄したすべての生物もその遺産も、地球の構成物質とともに再び宇宙に還元されることになる。しかし、それはあくまでも仮説であり、今のところ、実際にどうなるのかわからない。

あるいは、科学が進歩していけば現代では考えられないような事実が明らかになるという期待がある一方で、いくら科学が進歩しても宇宙の全体やその中のすべての現象を把握することはできないのではないかとも思える。もしそうであれば、人間の無知が残る領域が存在することになる。それは、本質的に偶然といわざるをえないものであり、人間がそれに関して完全に合理的に行動することは不可能になる。つまり、人間にとっては、すべてが必然的にはなりえず、必ず偶然というものが残る。

偶然というのは本来不合理、あるいは不条理なものであって、人間は、その出発点に於いても、人生の途上に於いても、またその終末に於いても、偶然によって規定されている。人生そのものが根本的に不条理だと感じられることにもなる。例えば、たまたま事故に遭った場合、なぜその場所にいてその事故に遭わなければならなかったのか、納得できない。それが、好都合な偶然ならば幸運とされ、不都合な偶然ならば不幸とされる。

確かに、因果連鎖という点からすれば偶然の発生は必然的であるともいえる。そこには然るべき理由があり、説明可能である。ただ、ある因果連鎖ともう一つの因果連鎖が交差したという事実は客観的に存在する。偶然の出来する原因は説明できるが、どうして二つの必然的因果連鎖がその時その場所で交差することになったかは説明できない。偶然は起こるべくして起こった、としか言いようがない。われわれは、充分な根拠がないにもかかわらず判断を下して誤ることもあれば、正しい判断をたまたま偶然にすることもある。

このとき、「いま・ここ」の瞬間を問題にするわけだが、無常は偶然の連鎖としての終わりを問題にする。無常は必然的な死の到来の偶然性に関心を集中する。いつ襲ってくるかわからない死に対する怖れ、端的に、無常は滅びることの「苦」に対する不安・恐怖でもある。死は必ずやってくる。ありとあらゆる条件の連合によって限定的に成り立ち、相互依存・相依相関的・相依相待的に成り立ち、不固定的に存在し、死というかたちで生存の完結を志向するように造られている人間は有限者であり、偶然者であり、自らの内に根拠をもたない。無根拠性・偶然性という仕方で、無の次元に於いて存在せざるを得ない。

しかし、だからといって、死を定められたものとして、誰もが必ずしも悲観的なものの見方をするというわけではない。例えば、サルトルは、死の偶然性を強調し、次は自分の番だろうと覚悟している人間の期待を裏切るところに、死の偶然性があると言った。彼が死などは考えてもしようがないものであるというのは、いつやってくるかわからない死について考えてみても思考の空回りが起こるだけだ、としているからである。死への志向を追い払って、死などたいしたことではないかのように生きてみせる、死んでみせるというのがその姿勢だった。それは、体験できる死は他者の死に限られるという不条理に帰して、場合によっては、単に、死をくよくよ怖れても仕方がないという、ごく一般的な見解になってしまう可能性がある。しかし、そういうふうにこのことが問題にされること自体、その苦悩が人間にとって切実なものであることを物語っている。

(2) 偶然を生きる

考えてみれば、この時代に、この場所に生まれたということが、そもそも偶然であるともいえる。しかし、だからこそこの偶然を引き受けざるを得ない。それは、その何ごとかが避けることのができない、自分の力ではどうしようもないものであり、いわば向こうからやって来る事柄だからである。われわれは無数の歴史的条件のなかで生きているが、それは多数の人々のそれぞれの行動の結果として生まれた無数の事件によって創り出されたものであり、その事件の連関から生じた一定の方向性が何らかの法則性を生みだしていくのであって、最初からそれがあったわけではない。それは偶然を媒介にして生まれたものである。

そのように偶然に満ち溢れた世界に於いて、われわれにとってとくに重大な意味をもつようになった偶然、つまり何らかの意味で内面化された偶然を、ときに運命と呼ぶ。実は偶然ではないとか、やはり偶然であったとかいうことは、現在を生きながら、現在を脱した視線をもつことによってでしかない。「このいま」にありながら「このいま」を脱した視線によってでしかない。偶然を偶然と呼べるのは、そのように振り返って捉え直したときにそのように見えてくるものだからだ、ともいえる。

偶然を考えるということは、まだ起こっていないことについて、いろいろ可能性を想定して比較するか、あるいはすでに起こってしまったことについて、現実には起こらなかったが起こる可能性があったことと対置して想定することを意味する。もし人間が想像力をもたなければ、偶然という概念を理解することはできないだろう。想像力をもたない動物にとっては、現実の認識はあっても、そこには現実に起こっていることの流れがあるだけで、そのなかに偶然というものが入ることはないだろう。

さらに、「おのずから」という語は、古くは自然の成り行きのままでという使い方と、もう一つ、万一・偶然にという無常の意味でも使われた。この両義性は、われわれからすれば偶然と思われる事態、つまり死も、より高い次元から見ればまさに「おのずから」のことであると納得しようとする知恵が込められていた。われわれにとって万が一のことと感じられることであっても、天地・宇宙から見れば当然・必然のことであったと気づくのである。九鬼周造は、このことについて「偶然が人間の実存性にとって核心的全人格的意味をもつとき、偶然は運命と呼ばれるのである。そうして運命としての偶然性は、必然性との異種結合によって、『必然・偶然者』の構造を示し、超越的威力をもって厳として人間の全存在性に臨むのである」という。

可能性や必然性は計算可能だが、現実性は計算し得ない二元的なものの偶然的な出会いである。その計算できないということは、そこに自らではどうすることもできないという、他者性が入り込むということである。現在がこのようにしか存立し得ないこと、このようにあってしまうことへの尽きせぬ驚きでもある。自らを、投げ込まれた存在として理解するしかない。ないこともあり得たのに、事実として、いまこのようにして在るということを受け止めざるを得ないということである。

偶然と必然は相対立し、お互いに敵対し合うものではなく、相手を迎え相手に待たれる。偶然と必然の関係は「相待」的であるともいえる。芭蕉の句「よく見れば薺花さく垣根かな」も、「いま・ここ」に目撃される偶然の発見であり、驚きを表現している。それは、偶然の昇華としての必然でもある。偶然的現在の瞬間が、絶対的な他性との遭遇を孕んでいる。人生は必然でもないし、偶然でもない。しかし、偶然でもあり、必然でもある。たまたま在るという偶然性は、それが必然性として受け止められたときに、その存在の何たるかが把握できるのだ、ともいえる。すべてのものはすべてのものに連関しているということは、それを見通せないわれわれ人間にとってすべては偶然ということであるが、同時にそれを見通せない人間にとってすべては必然であるということでもある。宇宙の全体は、われわれの完全には関知し得ないダイナミズムで動いている。

この宇宙に太陽系が生まれ、地球が生まれ、そこに生命が生まれ、われわれがいる。つまり、この宇宙は生命を生む宇宙であり、人間のような知的生命体を誕生させる宇宙でもあった。あるいは、この宇宙に生命が満ち溢れているということは、生命が必然的に誕生する宇宙であったということを示唆している。逆に、この宇宙に偶然生まれた人間の必然の死がセットされている。死こそが自然であり必然である。死とは無に帰することであるとすれば、無こそが最も根源的なものになる。闇の中から光を捉えた方がよりはっきりとわかるように、一生の終焉である死から生を捉え直すことによって、これまで見えなかった生命の循環、宇宙の大循環なるものも見えてくるように思われる。

(3) 必然性から見る

ある出来事に出会うこと自体は偶然であるとしても、それを受け容れ、生かすことができるときそれは必然となる。偶然の受け止め方が問われることになる。その関わり方は、人間の生き方の問題でもある。必然は理性よりも苦痛を軽減する、どんな理由付けよりも、これは避けられないものだったと考える方が苦痛を感じないで済むといわれるが、この世はすべて必然の連鎖によってでき上がっている、そう考えることで抱え込んだものから解放されるということもあるだろう。ここでは、偶然を必然と見る、その自己の内的必然性に気づくことによって、まったく違う捉え方ができるようになる。偶然としか見えなかったものに必然性を感じるということは、そこに「必然・偶然者」としての運命を見るということでもある。そこにいう運命とは、ただ巻き込まれ翻弄されるべきものではなく、それをそれとして改めて認め、受け取り直すところに、新たに運命と呼べるものが生まれるのである。

一見偶然で気紛れに見えるこの現実が成り立つ理由を説明しようとするのが合理主義だとすると、合理主義には二種類ある。一つは、偶然に見えるのは私たちの無知のせいで、完璧な物理学を完成すれば現実は他のようではあり得ないことが必然のメカニズムによって説明できるとする。もう一つは、物理的必然性が唯一の必然性に還元されるとは信じない。現実は偶然だとして、一つの偶然のみでなくすべての偶然を認めることで必然たらしめようとする。

メルロ＝ポンティによれば、意識は決して世界を思惟的に構成する統覚作用などではなく、世界に向かって不断に超越していく開かれた構造をもつが、それは意識が身体によって世界の内に根づき、身体として生きられるからである。世界もまた身体を通して私によって生きられるものであり、私の実存とは、事実的状況のなかで、それ自体意味を持たないものを意味を持つものに、偶然的なものを理由あるものにするために、事実的状況を引き受けることであるという。

おのれとは、いわば、おのれの存在の根源的偶然を引き受けたなかでの、おのれの存在の貫徹であり、おのれであることの必然を生き抜く生成の全体である。この、おのれの偶然を必然たらしめる生成の運動の全体のなかで、世界が世界となる。おのれの世界は、この偶然を引き受けた必然性の貫徹のなかでのみ、その意味を成就する、といえる。

ハイデッガーによると、死への先駆のみがあらゆる偶然的、暫定的な可能性を追い払い、おのれの本来的可能性を見いだすことを可能にする。おのれの死が不可避であることを真に自覚することによって、おのれのなすべきこと、なしうることに対する真剣さが生まれる。死から生を捉え直すことによって、宇宙に偶然に生まれた生命に必然としての死の意味を問うことは、この宇宙の大循環のなかでの自分のアイデンティティを問うことになる。ハイデッガーは、この決意性のうちでの現存在の生起を宿命と名づけた。あらゆるものが無限の原因によって引き起こされる世界に於いて、われわれ有限な人間には、あらゆるものの生起はその無限の原因が見通せないという意味において偶然的であり、その偶然を恐れてはいけないということである。

本来的に決意して、歴史的に伝承されてきたもののなかから自らの実存の可能性を選ぶのであれば、その可能性は現存在にとってはもはや偶然的なものではなく、必然的なものになる。現存在の自発的な引き受けによって必然性の様相を呈する。一見ネガティブに見えた偶然性が、究極のところでは必然性となる。運命とは、あらゆる恣意性を排した偶然の徹底したすがたであると同時に、そのように定められたと諦観することで、絶対的な必然をも意味しているとも考えられる。

ニーチェの回帰思想に対して、一切は必然的に等しいままに無限の反復を進んで欲するように一瞬一瞬の生に無限の重みを込めて生きるべしと要求するのは無意味ではないかという指摘もあった。しかし、そこにはむしろ、回帰の真理は誰にとっても、常時、真理として現成しているのではなくて、運命愛の一瞬、その当の実存にとってのみ開けてくる真理であるという意味では、人間の側の準備と覚悟を要求している。彼にすれば、すべての必然的なものは、実は有益なものそのものであるからであり、人は必然的なものを、ただ単に耐え忍ばねばならないだけではなく、それを愛さなくてはいけない。運命愛こそが、その最も内奥の本性であったからである。

(4) 縁起

釈迦が悟ったのは縁起の理論であった。縁起とは、「縁って起こること」であり、あるものが、他のものに依存して生起することを意味する。つまり、原因があるとき結果が生じ、原因がなくなれば結果は生じない、という因果関係を表す。仏教では、人間の苦しみを見つめた上で、苦しみのない状態（涅槃）を目指すが、釈迦はそれを妨げる老いや死といった苦しみを生み出す原因の第一段階として、根本的な無知があると考えた。その苦しみを生じるまでに十二支縁起（無明・行・識・名色・六処・触・受・愛・取・有・生・老死）がある。

この世にあるすべてのものは、さまざまな因（直接原因）と縁（間接原因）とが和合することによって成り立っており、その無数ともいえる因と縁の一つでも欠ければ、私という存在は、いま、ここに存在し得ない。そして、因や縁が変化すれば、そのものも変化し、その変化は刹那といえどもとどまることはない。すなわち、この世にあるありとあらゆるものは、絶対的なものではなく、因縁によって仮にそのようなものとなっている（仮和合）にすぎないというのである。あるのは、「無明に縁りて行生ず、行に縁りて識生ず、生によりて老死生ず」という、流れとしてのわれわれの生だけである。相互相依関係のなかで、自己がこのようにあらしめられている。それだけで起こっているようなものは何もないという、その「何もない」ところに焦点をあてて言葉にすると「空」になる。逆に、「実にさまざまなものの縁によってすべては起こっている」という言い方をすると「縁起」ということになる。

ここでは、縁起関係と縁起するものとの一切が、実在性のない現象として徹底して否定されることによって、そのまま肯定される。非現実的な現象の他に実在的なものが考えられるのではない。現象がそのまま実在として肯定される。もっとも空の肯定においては、現象・実在の対立は超えられることになるので、実在として肯定されるといっても、この実在はその対立を超えた意味でいわれるのであり、仮名ということになる。しかしこれこそ絶対的な真の実在ということもできる。

縁起の観点から見れば、いくら刹那や瞬間のことであっても、立派に華は華として咲くのであり、空本無華でありながら、その本来の華が一刹那に全力投球でもって開花し、散り落ちていくところが「空華」の真面目なのである。花は花であるだけではなく、己の内的存在構造そのもののなかに鳥やその他一切の分節を含む。鳥は、内に花を含む。すべてのものがすべてのものを含む。「老梅樹の忽開花の時、花開世界起なり」という道元の言葉はそれを表している。すべてが縁起によってあるということは、すべてが相対的であるということである。だから、「空」は実体が存在しないということだといってもよいし、絶対的なものは何もないということだと解してもよい。しかし、絶対的なものは何もないということは、存在がないということではない。因縁によってあるものがあるのである。つまり、すべては「縁起」によって、いまここに確かにある、ということである。

それは一般法則のような普遍的なものというよりも、個々の現象について必ず成り立つものである。そういう意味では、偶然性は成立しない。人間界にも自然界にも因果の連鎖で繋がらないところの偶然というものは考えられない。たとえ、一時、偶然のように見えるとしても、あるいは、われわれが偶然と呼ぶとしても、実は、われわれがその原因を知らなかったというだけであって、原因がなかったということではない。ただし、原因は一つではない。不特定多数の原因がある。それを縁という。縁とは、多因のことであり、また諸条件のことである。自己の責任に関わらないことで不幸に遭うことを、たとえ不条理であったとしても偶然とは見ない。しかし、それを不運と諦めることを教えているのではない。それが生じなければ何ものも存在せずかつ現に世界が存在している以上、それは世界にとって必然的であるが、そのつど生起することを何ら保証してはくれない。だから、偶然的でもある。そこでは、簡単には必然的と偶然的の区別ができない。

しかし、そこには不可避的にしかやってこない現実があって、勝手に選択していると思っているのは、そのように観念しているだけであって、世界はその不可避の道を進むしかない。それを自覚するとき、その偶然的な出来事はもはや偶然的でも相対的でもない必然的なものとなる。そういう状況に於いてこそ、自由が消滅するのではなく、むしろ自由への開かれた道が示される。われわれが生きているということが、もし仮に偶然にしか見えないとしたら、それは単なる偶然ではなく、一つの偉大な偶然であり、この偉大な偶然を背負って生きているところにこそ意味がある。一般的に、運命が外からくるものによって決められたものであると考えるとすれば、この場合はそうではない。

そこに開かれる必然性とは、現在かくある事実が承知のできない事実ではなく、かくあるべくしてあったのだ、他のようにはありえなかったのだ、と頷けるものである。この因縁によって貫かれている宇宙、自然に生きる自分も、そこに於いて、そのすべてをつくりあげているのだとわかる。その上で生きているものの自由の領域は大きい。

(5) 解　脱

道元は、悟りの境地を極めた者が、悟ったという意識や姿勢を跡形なく払拭した境涯を表現して「超関脱落」とか「休歇なる悟迹を長長出ならしむ」と言った。一定の目的に規定されたり、規則に縛られたりしない自由の境涯でありながら、それが決して無秩序や混沌を意味せず、大いなる自然のいのちとでもいうべきもののリズムに乗っている。一瞬一瞬が問いに直結する賭けであり、一発勝負の連続のごときものでありながら、同時にそれが大いなる自然に任せきった、軽々とした生き方になっている。「身心脱落、脱落身心」とは、自分の欲望の正体を知ったとき初めて獲得した心の自由である。

世界の始まりが何であるかを知ることはできない。なぜ宇宙が存在するのか、なぜ人間が存在するのかの理由も、何のために人間が存在しているのかの目的や意味も、わからない。しかし、確かなことは、いまここに存在しているという事実は確信できる。この確信から、すべてそこから自由が生みだされる。すでに、われわれは縁起という関係性のなかで生きている。その自由は、決して自分の意志で思い通りになるという意味での自由でなかったことは言うまでもない。理屈抜きで働いている、ただそうなってただそう働いているいのちのあり方を受け止めるところにある。そのもともとのすがたに立ち返ってこそ、自由になる。「眼が横に、鼻が縦についている」ということを、心底納得することである。

「いまのなんぢ、いまのわれ、尽十方界真実人体なる」とは、宇宙、自然との関係の正常化、であり、人間の身体について言えば、身体の健康とは、あらゆるわだかまりやとらわれから逃れた状態への立ち返りのことである。それは、一切のわだかまりを解消した自由自在で、融通無碍なあり方のことであるから、解脱とも呼ばれる。道元にとって、仏の教えとは、批判を許さない先入観を植え付けるようなものではなく、われわれが抱きがちな先入観から自由になること、われわれ自身のとらわれている基準を相対化することを教えるものである。過去から受けた諸条件をいかなる意味のものと解するか、いかに意義づけるかということは、当人の自由に任される。

「山は流れると考え、さらに流れないとも考えよ」という。人は、山は流れないと日常的に了解している。その固定観念を破ろうとして、道元は「山は流れると考えよ」というが、今度は「山は流れる」という固定観念が生まれる。そこで、さらに「山は流れないと考えよ」という。表現が固定化され、固定観念としてわれわれの認識を束縛することを拒む。魚は水、水は魚、確かそうには違いないが、いずれにせよ、魚は活発に自由に泳いでいる。「海上行の功徳、その徹底行あり、これを深深海底行なりと海上行するなり」。魚は海中を泳いでいるだけであり、浮き草は海面に浮遊しているだけである。しかるに海印三昧における万物は、海面を泳ぎながら、足が底についている。つまりこの世に活動しながら悟りに徹底している。これは確かに自覚の世界であるが、しかし自覚によって初めてそうなっているのではない。意識しようとしまいと、それは自覚以前の海印三昧の実情である。それは要するに、意識を離れて、いかなる一物も、何物にも疎外されることなく、徹底的に、あるいは底抜けて自由に活動している三昧の事情を表している。

われわれ人間が、人間特有の感覚器官の構造と、言葉の文化的制約性とに束縛されながら行う存在分節は、無限に可能な分節様式のなかの一つであるにすぎない。それがいかに狭隘な、一方的なものであるかは、いま仮に天人の目になり、魚の目になって、われわれが通常、水と決め込んで疑いもしないでいるものを、天人・魚の目から見れば分かる。

花が花でありながら、しかも花であるのではなくて、花のごとし、という。「のごとし」とは、本質によって固定されていないということである。本質に囚われることのない自由が、解脱であった。「解脱にして繫縛なしといへども、諸法住位せり」であった。世の中には縁起という未限定なルールがあり、関係がある。それを固定したものにするのではなく、場として内面化し、そこから自分の置かれた状況に応じてルールを自由自在に創り出すことができる。

いつも無常のうちにいながら、その不安を直視する者こそ、その不安を自由へと転化させることができる。道元もまた、無常という不安を自由への足がかりにした。自己に閉じ込められた自己にこだわっている間は、世界を真に見ることができない。自己が自由に動くときには、世界もまた、生き生きとして、生動する。私が自在ならば、山も自在である。「山の運歩は、人の運歩のごとくなるべきがゆゑに、人間の行歩におなじく見えざればとて、山の運歩をうたがふことなかれ」という。

(6) 自　由

スピノザが考える偶然とは、われわれに知られていない原因の別名にすぎない。「その本質が矛盾を含むことをわれわれが知らないようなもの、あるいはそのものが何ら矛盾を含まないことをわれわれが知っていても、その原因の秩序がわれわれには分からないために、そのものの本質について何ごとをも確実に主張し得ないようなものはわれわれには必然であるとも不可能であるとも思われず、偶然と呼ぶ」。

人間は自由に行動していると思っているが、それは彼らの行動を動機づけるものが何か理解していないからである。そうした考えが生まれるのは、彼らが自分たちの行動は意識しているけれども、その行動が決定されている原因を知ってはいないからである。彼はそう主張する。宇宙は必然的法則に司られているが人間がそれを知らないだけだ、というスピノザの考えは、われわれは世界ないし宇宙を形成している言語の文法を知らないと言い換えることができる。人間の行動は、一見その人の理知と意志の自由に任されているように見えるが、そのような意識的なはたらきは、流氷の海面上に浮かんでいる部分と同じことで、水面下の力、つまりは無意識的なものの動力に、支配されるところが大きい。

実は、意識的でも偶然でもないものこそ、無意識に於いて私たちを突き動かしている深層のロゴス＝パトスという名の言語の産物でもあった。人間が言葉を使うとき、自分では自由であると思い込んでいても、その言葉は他者のつくった言葉、子どもの頃から学ばされてきた言葉である。すでに、その言葉に支配され貫かれてきたのである。他者の言葉を語ることでしか、自分の気持ち一つ表現することはできない。

スピノザは「観念の秩序と連結は、事物の秩序と連結と同じである」という。一切がある必然的な帰結作用のうちで整序されるべき始点を定め、まず自分が自然の一部分にすぎないのに全体であると考える存在だけに、不当にも限られている主観性の錯覚を照らし出す。彼にとって思惟を構成する軸は意志ではなく観念そのものがもつ真理性であり、大切なのはそれに注意を集中することによって、観念の間の必然的連結を理解することであった。

宇宙とか、社会という自分を包括する立場から、あるいは自他を結びつける必然性から自分を見つめ直すのが理性である。われわれは、負いたくもない重荷を背負い、関わりたくもない苦しみや挫折を味わう。そのとき、私を超えた、私には見えない、根源のはたらきによって、その関わりが成立しているのではないか、と考えざるをえない。自由な判断とは、事物の間の必然的連結と一体のものであり、選択の自由は幻想に過ぎない。そこでは、根源的直観こそが、われわれの存在の肯定、つまり、存在し実在しようとする絶対的力と本質の無限な豊饒さとが、同じ一つの実在のなかで与えられるような肯定へと導く。

スピノザによれば、「物を偶然としてでなく必然として観想することが理性の本性に属する。理性はもののこの必然性を真実に還元すれば、それ自身においてある通りに、知覚する。然るにもののこの必然性は神の永遠なる本性の必然性そのものである」。必然性は、神の必然性の認識となる。しかし、神は制作しないものであり、外から働く超越的原因ではない。自分自身の本性の必然性から帰結する内在的原因である。現実はどこもかも神でできている。神の本性には知性も意志も属さない。神はただ存在することがあらゆる事物の原因であることを意味するのであって、そこにあることをしなかったり意志が介在したりする余地はない。

在りて在るものはその本性の必然性から一切を生じる。自然の必然性からの事態であれば、自然の過誤に帰して不完全とするわけにはいかない。スピノザは、こういう神の自己必然的な様態化を自由と呼んだ。この自由は、われわれが自らの本性の必然性に従って自在に行動し、その活動をプロセス自身の内部から、プロセス自身の自発的展開として捉えることができるようになったときに味わうことができる自由である。十全な認識とは、ものを原因から認識すること、ものの必然性を認識することである。「精神はあらゆるものを必然的なものとして認識する限り、感情に対してより大きな能力を持っている。あるいは感情から影響を受けることがより少ない」という。つまり、神を愛する者は万物が神の本性の必然性から出ているので、どんな嫌なものに遭遇しても神の観念に関係づけて理解できる。同様に、どんな嫌な感情が生じても神の観念に関係づけて自然現象として理解できる。したがって、自分が感情の原因を勘違いしていたことに気づき、感情に振り回されることがそれだけ少なくなる。それは、自由を自由たらしめているのは内的な必然性であり、人は決して意志や、意志の則るべき規範によって自由なのではなく、その本質から生じるものによって自由なのである、ということを表している。

二　完全と不完全

(1)　不完全なるもの

永遠なる真理なるものは、仮にすでに届いているように見えるときがあったとしても、結局は有限な人間には、ほんとうのところはわからないのではないか、ただ、人間に許された範囲でしかわからぬのではないか、そういう思いがまったく消えてしまうことはない。完全な知性にとっては、不確かなものは何一つないであろう。もし神にとってはすべてが必然的であるとしても、自分がそこから無限に隔たったところにいると感じるとき、知りうることには絶対的な限界がある。正確な客観性などというような観念も、すでに一つの先入観であり、いかなる過去も、ついに正確に把握されることはなく、いかなる事実も、ついに完全に再現されることはない。それが人間の認識の宿命であるともいえる。そうであれば、無知は単に知識の不十分さという相対的、一時的なものではなく、人間の知識の進歩拡大によって解消されるというようなものではないことになる。

むしろ、真理の意味組織系は、人間にとっては、閉鎖的完結性をもつものではなく、開かれた系であり、不完全な系であるというべきであろう。しかしにもかかわらず、われわれは、あるべき、意味の完全な系を求める。世界と生存との真実のあるべき完全な構造を知りたい、とたえず願っている。西田幾多郎は、哲学の動機は驚きではなくて深い人生の悲哀だと言っているが、西田に於ける「かなしみ」とは、人間存在の自己矛盾についての感情であり、つまりは、有限性と無限性の「あわい」にある感情であるともいえる。「みずから」は有限性・不完全性でありながら、「おのずから」という無限性・完全性のうちにある。不完全でありながら完全を求め、それと融合・一体化しえないというそのあり方をこそ、正面から見つめようとする。仮に自己否定を通して自己の無知を問う作業にしても、これを完全に遂行することはできず、むしろそれだからこそ、その自己否定にこだわりつづけるのだともいえる。

確かに、われわれは明確に知っていないかもしれないが、まったく無知というわけではない。人間はいわば完全な無知と完全な知の中間にある。したがって、存在論は結局のところ、あいまいなものを明確にしようとする作業であるということになる。この種の試みは当然、循環的な性格を帯びるが、しかしそれが、こういった事柄に於ける明確化とか解明ということがもつ固有の性格であるといわざるを得ない。つまり、われわれはもともと途上にあることを真に受け止める必要がある。途上というのは、答えのない問いを問い続けるということである。

問題は、問いに答えを見つけること自体にあるのではなく、自分を絶えず開いておくということ、可能性のうちに生きるということである。自分が生きて存在している事実について、何か確実なことを見つけ出して、それによって安心しようというのではない。あるいは、正しい生き方という正解を手に入れようというのでもない。むしろ、答えを完全に明確化し得ないからこそ、問いつづけることのうちに存在の何たるかを考えることになるのである。もともと実存とは、事実的状況を自分なりに引き受け、世界へと形成していく超越の運動であった。しかし、実存は超越であればこそ、かえって実存は決して決定的なかたちでは何ものをも乗り越えはしない。

例えば、一般的に死について、われわれは一切の体験を拒否されている。死は、不確実であり、埋めることのできない空白でありつづける。死は、ある意味では完全に矛盾する極性の緊張のなかにある。誰もが知っているにもかかわらず、誰もが確実には知らない。誰もが知らず、決して知ることのできない死は、永遠の謎である。しかし、だからこそ、大切なことに気づかせてくれるのだ、ともいえる。

古代ギリシャの詩人で多くの伝説をもつサッフォーは、「人生にとって一番幸せなことは生まれてこなかったことだ。次に幸せなことは、一日も早く世を去ることである」と言ったとも伝えられる。人間として生まれてくるのは、人間が、まだ完全なものになり得ず、未完成であると考えたからであり、昔から生を苦と捉えるのも、それが背景にある。しかし、われわれが生きている、すなわちわれわれが生命を与えられているということは、われわれにとって原初的な事実である。それに対して、われわれは異なった道を取ることはできない。むしろ、生きていることには死ぬということが含まれている。われわれは毎日生き、そして死んでいる。生きるということが途絶したとき、完全に死んでいる。この生と死を真摯に見つめるなかで、生きているというこの事実を尊いものと思えるのではないか。そして、それを大切なものとして生きていけるのではないか。

(2)　美の発見

プラトンによれば、個々の美しいものは、美しさそのものの影にすぎないが、われわれはその影の方に眼を奪われて、どれが美しいかという個別的事実にのみ注目している。しかし問題なのは、どれが美しいかということではなくて、そもそも美しくあるということ、そのこと自体なのだというわけである。哲学は、われわれがすでに不完全というかたちで知っているものを、明確化し、純化しようとしている。

それでは、美しいと感じられるものが、そのものとして意義を失ってしまったのか、その世界が無意味になってしまったのかといえば、そうではない。世界内部の存在者が存在者として重要性を失ったということによって、かえってその真実のすがたを現してくるということをも意味している。実体があるように見えて、実は思ったようなものが実際には何もないということは、実は、そこに溢れんばかりの何かがあるということを意味している。カントが考えた通り、われわれが人間的認識は相対的かつ不完全であると知り、さらにはその認識の限界を定めたり、批判したりすることさえできるのは、その認識の根底に、われわれの悟性とは違った、ありうるであろうもっと別の悟性の観念がそこにあるからである。存在は自己を自覚することによって自己をより完全たらしめるためにその勇猛心を燃え上がらせ、自己の創造に邁進する。それは、生の喜びの追求でもある。

人間は、不動の完全性を欠くが、それゆえに、果てしなく無知を乗り越えて、たえず進んでいく知恵を得る。そして、そこに相対性を保持しつつも、その能力を使用しつづけることによって、人生の最も大きな、また最も堅固な満足がそこに生ずることになる。われわれの認識は、単独では不完全で無力なもの、欠点の多いものかもしれないが、そんな不完全なものを用いる以外に方法はなく、またそれを総動員するとき、それらの認識は意外にも確かな真実を明らかにしてくれる。問題はいかにそれらを総合するかというところにある。

般若経の世界では、物も心も本来は空なのであるが、その物と心は最高の実在世界に於いては、いずれも清浄で輝いている、とする。物と心が区別されない世界では、いずれの表現でも実は同じである。空に於いては、我・無我、浄・不浄の分別も超えられるということになるが、絶対的な否定に於いては、否定そのものが否定的な意義を変えてしまう。真に完全に我や浄や楽のないところでは、それらの否定もまた無意味なのである。不完全性に対する徹底した自覚からすれば、逆に迷いはただほんとうのすがたを見失っているだけであり、実は本来は完全であり、どこも欠けたところがないのに、何を補う必要があるのか。人々は煩悩に惑わされ悪行を積み重ねているが、その本性は完全なものである。ただ、そのことに本人が気づいていないだけだ。そこに本来の智慧が働くかどうかだけが問題なのだ、ということになる。否定の徹底によって、不思議にも相対世界が完全なものとして蘇ってくる。

華厳経では、一切の事象が親密に関連し合って存在していると捉える。「理事無碍法界」、普遍と具体が完全に一体となった世界や、「入我我入」、対象と自己が相互に交流するという概念に於いては、彼岸と此岸は連続している。日常的に自立性を失っているかに見える世界に於いても、依然としてその本来性が不断にかかわりつづけている。自分の状況の把握に於いても、自分の行為の正しさの判断に於いても、われわれは完全ではあり得ない。しかし、そこで「あり得ない」ことに居直るというよりは、新たな視角から全体を把握しようとするならば、そこには意外にも広大な世界が開けてくる。すべてのものがすべてのものに関連しているということは、それを見通せない立場にあるわれわれにとっては、たまたまそうであるにすぎないとしても、そのつながりは必然的であることに変わりはない。宇宙全体は、われわれには完全には関知し得ないかたちで、そのダイナミズムを絶えず発揮して動いている。

われわれは日常において、そのうちに、いつかは、という不完全な現在を生きているが、しかし、人生があと何日か、何週間か、何か月かということになったとき、もはやこの一日を精一杯に生きるしかなく、これまでのなんということもなく過ぎてきた世界が、実はそのようにして動いていたということに、きっと驚くだろう。そして、そのこと自体がとんでもなく重要に思えてくるだろう。そうしたとき、人生最後の日々が、限りなく貴重な、実り多いものとなるに違いない。

(3) 未完の終

相互相依する諸事物事象の全体は、「万法」であり、「悉有」であり、「恁麼」であり、「何」であるともいわれる。これと出会い、その縁起・無自性・空の世界の全体を言語化しようとするとき、世界の真相である空は、ある時間、空間に拘束される有限な人間にとって、この全体を把握しようとしても、完全には把握しきれない。それ故に、全体の把握、言語化は、不完全なものとならざるを得ないが、かえってその不完全なかたちにおいてのみ真理が顕現される。

広い海原に漕ぎ出していって辺りを見回すと、辺りは丸く見えるが、それはあくまでも自分の視点からそのように見えるだけであって、海本体は丸でも四角でもない。だから、丸と見て満足するのではなく、さらにさまざまな視点で海を見なければならない、と道元はいう。海は、人間にとって完全には捉えきれない真理を喩えている。無限に広く深い真理の海を、いま・ここに限定された人間は完全には覆い尽くすことはできない。しかし、限定されたいま・ここにおいては、確かに真理の一端に触れることができる。自己の海の見え方、すなわち真理の認識の仕方に於いて、人は真理に触れ得る。それはあくまでもいま・ここに於ける捉え方に於いてである。自己の真理の認識を絶対化することなく、常に相対化し、新たに真理と出会いつづけなければならない。思考が完全な自己同一性の内にあって、身を落とし込み、おのれの正しさをむやみに信じ込むようなことがあってはならない。自己同一性に対する絶えざる疑念が、思考を向上へと導く。

したがって、問題は、その問いに出会っているかどうかということになる。情報は対象に関するエントロピー（曖昧度）を下げる役割をする。回りを見渡してそこから得られる情報によって、多様で曖昧な状態から単純で決まった状態へ移すことができるため、そこにおいてはしだいに曖昧さが少なくなり、その状態に多様性がなく単純なものとなる。エントロピーが小さいとは、すべてが決定されており、可能性を論じる幅が狭いことを意味する。それを完全なものと見るのではなく、曖昧なもの、混じり気のあるものと見ることによって、豊かさが生まれる可能性が高い。どんな事柄に関しても、問題を捉えている者にとっては、かえって不完全なものも比喩的に働いて、そこに多くのことを示唆するヒントになり得る。実は、自然界には、完全・不完全の区別がない。

月が月としてあり、山が山としてあるような、宇宙そのもの、自然そのものへと突き抜け、触れ得たところに、ほんとうにその存在やその営みがある。「色即是空、空即是色」の「照見」（あらゆるものを完全にみきわめた）とは、一方ですべてを空しいとみきわめることがあり、他方に空しきままにそれが真実だと知らされたと気づくということがある。この二つのことによって、「照らし見せられる」。われわれはそこに存在の荘厳のきらめきを見るのである。

道元は、病気が絶望状態に陥ったとき、「若於園中、若於林中…諸仏於此、而般涅槃（若しは園の中に於いても、若しは林の中に於いても、…諸仏、此に於いて般涅槃したまふ）」（「法華経」如来神力品第二一）の文を室内を巡りながら誦し、柱に書き付け、最後に妙法蓮華経庵と名づけたという。それぞれの力に応じて人生の行道を精一杯歩むとき、たといそれが未完に終わっても、これでよしとの大いなる達観が訪れることを、その神力品の言葉を通して体得したのだといわれる。

そこでは、本当もうそもない。ひっくるめて、たとえそれが不完全なものであろうとも、そのままが真実というしかない。そのとき、不完全な人間は不完全な人間として、欠点のある人間は欠点のある人間として、大宇宙の一部となっているということなのである。その場合、われわれは自然を善悪の彼岸にあるものとして観想するのであり、またその限りに於いて、われわれ自身のよりよき部分は全自然の秩序と一致する。しかし、それは自然をわれわれの側から見るのではなく、自然そのものから見るのであり、徹底して自然そのものとなっているといえる。

(4) 完全の意味するもの

デカルトは「私の存在」の原因は、それ自身が無限かつ最高に完全な存在で、それ自身がみずからの存在の原因である「自己原因」として神でなければならないと考えた。「自己原因」とは、存在するために他の原因を必要としない存在として消極的に考えられるような存在ではなく、それの「広大無辺で理解不可能な能力によって自己自身の存在の原因である存在」である。「私は疑う」ということを突き詰めるとき、「最高に完全な存在」の観念が先にあり、その観念が表現する内容は、「私」によっては形成されず、その存在は「私」を超えた存在として確信されるのでなければならない。神の観念はわれわれを超えた存在、すなわち神からきたものと考えるほかはない。

スピノザにとっても、神は無限で完全であり必然的に存在するが、神の本質には存在が含まれている。神が自己原因といわれるその意味に於いて、神はまたすべてのものの原因でもある。神はあらゆるものの内在的原因であって、決して超越的原因ではない。在るものはすべて神の内に在りかつ、神によって考えられねばならない。人間精神は、人間身体の観念あるいは認識にほかならず、この観念あるいは認識は、神が他の個物の観念に変状したと見られる限りに於いて神のなかにある。人間は思惟するというとき、反省的視点の確立を能動として理解できることではじめて、人間精神は神の無限な知性の一部である、ということができる。

スピノザは、宇宙は法則でつくられており、そこには何か理由や意図があるわけではないという。神とは非人道的な宇宙の秩序であり、人間が完全に知るということはできない。人間は自由に行動していると思っているが、それは彼らの行動を動機づけるものが何かを知らないからである。事物はそれ自体では善でも悪でもなく、完全でも不完全でもない。神は、何らかの目的のために行動するわけではない。その最も強力な根拠の一つは、神が目的のために行動するには、神には神が欲する何かが欠けていなければならない。つまり、神は不完全でなければならない。しかしそうではない。

スピノザの神は、合目的的に行動するという観念を拒絶する。そのため、スピノザは自然が間違うという観念も拒絶し、完全性と不完全性とは個体をお互いに比較することによって生じる単なる考え方にすぎないと主張する。また、善や悪は事物の特質を事物自身のなかにあるものとして表現するものではない。なぜなら、同一の事物が同時に善、悪、無関係になることがありうるからである。人間の完全性は、その人が他の何より愛する事物の本性や完全性に応じて、より完全になったり、逆に不完全になったりする。したがって、最も完全な存在である神の知的な認識を何より愛し、そこに特別な喜びを感じる人は、必然的に最も完全なのであり、最高の至福を最も享受できるのである。

人間が自然物を完全だとか不完全だとか呼び慣れているのは、ものの真の認識に基づくよりも偏見に基づいているからである。スピノザによれば、完全、不完全とは事物そのものに宿る性質ではなく、もともとわれわれが同じ種類の事物を比較するときの思考の様態にすぎない。神あるいは自然のなかでは、すべては真実なるものとして生じている。その点で一切はいつも等しく完全で、いかなる点に於いても欠けるところはない。われわれが異聞の衝動関心から比較して、完全とか不完全とかいっているだけだという。

私にとって善いものは、私とうまく組み合わさって私の「活動能力を増大」させる。そのことを指してスピノザは、「より小なる完全性から、より大なる完全性へと移る」という。完全な自由はないかもしれないが、これまでより少し自由になることはできる。自由の度合いを高めていくことはできる。喜びは、より完全な状態への有機体の移行と関係している。機能的により調和しているという意味の「より完全な状態」であり、活動するための力と自由が増加しているという意味の「より完全な状態」である。

われわれが悪と呼ぶすべてのものもまた、われわれが善とよぶものとまったく同様に、神のなかにある。しかしスピノザはさらに次のようにいう。絶対的な意味では、どんな善もどんな悪もない。善と悪は相対的な知見である。すなわちわれわれにとっては、すべては相対的な知見であり、われわれの個別的な利害や用途に相対的な知見である。スピノザの神、あるいは自然は完全であるかもしれないが、必ずしも善であるとはいえない。世界は完全であるとしても、事物の全体はあらゆる人間的な判断を超えているのであって、善とも悪ともいえない。

第六章　永遠のいまを生きる

一　無　限

(1)　宇宙の果て

われわれがいま見ている宇宙は、常に宇宙の一部分であるといわれる。宇宙の観測しうる部分が限られているのは、光の速度が有限だからである。宇宙の果てはあるのか、と問うならば、それはあるが、そこから先へは行けない崖っぷちとか、無限の岸壁のような境目を意味するのではなく、われわれが観測できる最も遠いところという意味である。いわば、地平線、水平線ということであって、その先には何もないという意味ではない。現在のビッグバン宇宙論では、空間方向に無限に広がっても構わないが、宇宙は一三七億年前に生まれたという時間方向への有限性により、われわれが光で見ることのできる宇宙の大きさも有限になる。

宇宙の大きさは時代とともに振動している。だから、宇宙の大きさは有限か無限かと聞かれたら、時代によって違うと答えざるを得ない。古代地中海世界に生まれた宇宙は、まず原子論者の、宇宙には果てがないという無限宇宙があった。さらに、ピタゴラスをルーツとし、プラトンから引き継がれた有限なコスモスは、アリストテレスでは、地球に於ける不動の動者、神を中心とし、あらゆる存在者がその中心に向かって求引されるようなかたちで整合的に位置づけられ、さらに個々の存在者が価値的に階層化されている。そして、ストア派はコスモスには果てがあるが、万有には果てがないという。宇宙論の分野では、このような思弁的で定性的なモデルが引き継がれてきた。

太陽が宇宙の中心にあるというコペルニクス宇宙は、単なる天と地の交代ではなかった。地球は運動していて宇宙の絶対的中心ではないことから、地球を取り囲む恒星天球も運動しており、しかもそれが有限の大きさである必要はなくなったからである。つまり、恒星天球は地球を取り囲むという前提が取り除かれ、宇宙は無限であるという信念が論理的に現れた。ブルーノが無限宇宙を構想したのはその自然な表れであり、そこに種々の星が存在するとすれば、時間に於ける無限性も当然視野に入ってくることになる。

ブルーノがローマの花の広場で焚刑によって殺されたのは一六〇〇年のことである。キリスト教会から異端とされた彼の哲学的見解は、宇宙は無限であること、そして万物はそのなかで生成と解体を繰り返し、したがって生命の輪廻のあり得ること、この二点であった。前者は空間的無限性、後者は時間的無限性を唱えたものと解釈できる。

さらに、ニュートンは絶対時間と絶対空間に基づく古典力学体系をつくり、その重力理論によって物質は奇跡的なバランスで無限宇宙に分布しており、そのことは宇宙論的な神の存在証明になると考えた。このニュートンの宇宙は、それから二五〇年にわたり科学的宇宙像でありつづけた。しかしその宇宙は、神がたえず介入しなければ重力崩壊する宇宙だった。これに対し、アインシュタインは、もし宇宙が空間的に閉じているなら、ちょうど地球儀上で「地の果て」北極や南極の向こうにも地面がつづいているように、宇宙には果てというものがなくなるから、境界から星が飛び出してしまうという問題そのものが解消すると主張した。球の表面積は有限な値をもつにもかかわらず、その表面上をどこまで歩いていっても「地の果て」には決して辿り着かない。つまり、球の表面は有限だが果てはない。一般相対性理論によれば空間的に閉じた有限な宇宙では、ニュートンの無限宇宙に付きまとっていた、神がたえず介入しなければ重力崩壊を起こしてしまうという困難も、ストア派的な宇宙に起こる「星の散逸」も回避できる。このようにしてアインシュタインは、二五〇〇年来の謎だった「宇宙は全体としてどんな形をしているのか、宇宙には果てはあるのか」という問いに、一つの答えを与えたのだった。

現代、宇宙について二つの考え方がある。一つは、宇宙はいったん膨張するが、やがて収縮に転じまた元に戻る。そしてまた、そこから新しい宇宙が生まれ、膨張したあと収縮に転じ、というふうにそれを無限に繰り返すという。もう一つは、宇宙の創成とは、時間や空間の誕生のことであって、それ以前には時間も空間もなかったとする立場で、時間がなければ、それ以前を問うことはできない。共通して測るべき尺度がない。それがどのように準備されたかについて答えがない。とすれば、その過程はいつでもどこでも繰り返すはずだから、宇宙はいくつあっても構わないことになる。このように考えると、宇宙創成については、神話の繰り返しの復活といえないこともない。科学の成果に立って、時代とともに異なった装いはしているが、そもそも宇宙創成を実証することができない以上、そのような神話を語り継ぐしかなく、そのような話題に興味が尽きることはない。

(2)　驚異すべき無限

パスカルは、大の無限と小の無限を、二つの深淵と呼び、「そもそも人間は自然のうちにおいて何者であるか。無限に比しては虚無。虚無に比しては全体。無と全体との中間者」「われわれは固い地盤と、究極の揺るぎなき根底を得て、その上に、無限に高く聳え立つ一つの塔を築きたいと熱望している。だが、われわれのすべての基礎はひび割れ、大地は裂けて深淵となる」という。さらに、「私の一生の短い時間が、その前と後に永遠のうちに没し去り、私の占めている小さな空間、否、むしろ私の見ている小さな空間が、私を知りもせず私の知りもしない無限の空間のうちに沈んでいるのを考えるとき、私はここに居てかしこに居ないということに、恐れと驚きを感じる」「このようにして自己を省みるものは、自己自身について恐怖を感じるであろう。そして、自然によって与えられた全体のなかに、無限と虚無とのこの二つの深淵の間に懸けられている自己を省みて、彼はこの驚異の前に恐れおののくであろう」という。パスカルには、有限の天球のなかに人間が特定のあるべき位置を占めるのではなく、無限に時空が拡がっている、そういう宇宙観が表れている。そういう無限の宇宙のなかでは、人間は孤独に見捨てられる。どこにでも座標軸を取ることができるから、自分のあるべき位置は任意であり、偶然でしかない。そしてまた、「人間は自己を取り巻くあらゆるものでその空虚を満たそうと無益にも試みるが、この無限の深淵を満たしうるものとしては、神自身のほかにはない」ともいう。

プラトン、アリストテレスは、宇宙が全体として星々の煌めく天空によって覆われた、一つの巨大かつ有限な閉鎖世界であると考えた。アリストテレスは、世界の始源に位置する存在者を容認する。世界の究極の始まりを認めないような、事象の無限の因果連鎖という視点から世界を理解できるとする考えは無限性という概念と現実存在という概念の両立不可能ということを無視しており、誤っていると考えるからである。その形而上学は、一切の根本的原因としての一種の神を認めることになる。そしてこの閉じた有限世界のなかで生きる人間の思考力と生の意味とについて、大規模な反省を展開した。

しかし、デカルトは、ガリレイ、ニュートン的な無限宇宙というまったく新しい自然像を背景にして、もう一度人間の思考力や世界の構造について根本から考え直そうとした。デカルトによれば、有限な知識を持つ私は、自分自身の知識の有限性を意識している限りに於いて、それに対置される無限の知識という観念をもっている。無限の知識の持ち主とは神である。ところが私は自分が有限の知識しか持たないにもかかわらず、無限の知識の存在について知っているのだから、これを知っている私が自分の作者だというのは不合理である。私の内にはない無限の知識という観念を植え付けたもの、すなわち神は存在しているということになる。彼の神の観念の内容とは、「ある無限で、独立で、全知かつ全能な、私自身とは何であれ他のすべての存在するものをも創造した実体」であり、それが表現する、とくに神は無限実体であるとする内容は、「私」によっては形成できないと考える。「私の存在」の原因は、それ自身が無限かつ最高に完全な存在で、それ自身がみずからの存在の原因である「自己原因」としての神でなければならない。

デカルトの独創性は、積極的無限から、否定的無限についての思惟の条件を創り出すことにある。これが「偉大なる合理主義」を深く跡づける。彼の立論は、私の有限性から、私は私がそれについて有する観念の表象する積極的無限の原因になることはできないということを結論する。思惟する我という限界づけられた存在が、ひとり絶対的に元始たることのできる無限の存在に従属することになる。デカルトは、宗教的伝統に属する創造的全能のような諸特性を、彼に言わせれば「すべての人間に」共通な、したがって、本質的に理性的な概念に包含させたことなる。

(3)　無限の宇宙

ゼロを発見したのはインド人である。ゼロの概念は目の前にあるモノに囚われる思考方法からは生まれない。それは、モノそのものに囚われない、抽象性と普遍性を重視する思考方法があったからこそ生まれてきたといえる。多くの民族は、羊が何匹、牛が何頭、リンゴが何個というように、モノに即して数を捉えている。そこには、ゼロという概念は現れてこなかったし、また、そこにあるモノの数以上の巨大な数の概念も生まれにくかっただろう。インド人がゼロを発見し、位取りによる数字の表記を行ったことで、ゼロを次々につけていくことによって、無限に巨大な数が考え出されるようになった。一〇の一一乗の「ナユタ」(那由他)、一〇の五九乗の「アサンクエーヤ」(阿僧祇)といった巨大な数が、一世紀から三世紀にかけて成立した「法華経」に頻出する。「心は是れ一切の法、一切の法は是れ心」というような考え方も、それとかかわっている。天地万物の力は一つになって一物のなかに集中し、また一物は拡がって天地万物のなかに遍満する。極大の宇宙は、その果てを追求すれば、無限に拡充していくものであるとともに、極微の粒子もまた、顕微鏡的に拡大すれば、無限の全体宇宙となる。こうして、ミクロ・コスモスはそのままマクロ・コスモスであり、マクロ・コスモスはそのままミクロ・コスモスになる。このような世界、存在の実相は、われわれの有無・大小などの限定的な思考、判断を超える。

後に、天台の「摩訶止観」は、一念三千の宇宙実相を体得することを究極の目的として種々の実践論を展開し、またそれに契合した人生の行道を種々に教示した。止観とは、人が人生の起伏・変転に心を動揺させることなく永遠・無限の宇宙実相にしっかりと繋ぎ止め、その永遠・無限の相の下から世の中を広く観察し、とらわれなき智慧で照らし見ることをいう。「摩訶」とは、マハーの音写で、大という意である。その世界観、人生観はスケールが大きく、実践論に於いて、あらゆる事態に即応して説かれている。

また、華厳では、空間的に一即多、多即一が説かれたのに対し、時間的にも、それが説かれた。一念においてすべての世界を知り、一念のなかに映し出されない世界は一つとしてない。菩提心を発するとき、永遠の時間が一瞬におさまり、一瞬が永遠の時間を包む。だから、一瞬を知ることによって、無限の過去・現在・未来を知ることができる。人間の生物的な肉体の生存はこの現世に限られる。しかし、ただいまに生きる自分は、無限の過去からの宿業を背負っているとされ、未来に向かっても、生々流転を重ねていかねばならない。このただいまの一念、心の動きの中に過去も未来も映し出される。過去といっても、未来といっても、それはこのただいまの一念の影であるという。

現実の直視は変化の意識を生じ、変化の意識から時間観念が生じる。時間とは変化であり、変化とは作用である。作用としての時間は、もはや観念でもなく、範疇としての抽象的実在でもない。現実態あるいは出来事そのものが時間である。そのような時間は、時間の次元を超えたところにある。時間の延長線上にある無限性ではなく、時間そのものの空無化である。その意味に於いて、無時間であり、仏教における時間の次元で考えられた無限性をいうのではなく、時間の次元を撥無した無時間性にほかならない。

「既在」と「将来」の厚みを纏って、それらを通して何ものかがすがたを現す。現前がそのたびごとに深まり、この深みはすでに太古の昔から永劫の未来にまで達する。そればかりではなく、「いま・ここ」に、現に生じている「何かがあること」、その存在は、空間的にもその何かの内に別の何かを、そしてその外にも何かを孕んでいる。「いま」のこの場所は、地球上の一点としてそのまま宇宙空間に繋がっている。無限小から無限大への全空間が現にそのつど開かれることになる。「いま」は、その構造が縁起の論理で語られ、その刹那刹那の現象世界を分析し、解明し、われわれの日常の認識のなかに形づくられている虚妄な我への執着が空じられることになる。

(4) いまと無限

無常変転の時間は一定の到達点、目的地へ向かって直線的、連続的に進んでいるのではない。つねに生じつねに滅するという生滅無常が時間の裸形であった。いわば無意味なこの無限の反復が時間のあらわなすがたであるといってもよい。時間は念々虚無に繋がっている。虚無の底なき深淵がのぞいている。無常への思いが人一倍強かった若き道元は、華厳の絶対、永遠無限を学んでも、それをそのまま受け入れることはできなかっただろう。人間は死すべきものであり、無常な存在であった。われわれは、徹底して有限であり、死の運命はわれわれにとって避けることはできない。そのような時間性を生きながら仏性とどう対峙するかが、その後の道元にとって大きな問題となった。

道元は、悟りの自覚的なこのいまに於いては、時を有限な自己のうちにすでに無限の永遠があるときとして捉える。過ぎ去っていくそのとき、そのときがすべて永遠を含むとしたら、時間は単なる無常の流れではなくなる。このような有限と無限の相即関係は、有限なる人間のなす修行と無限なる悟りとの相即であり、それが道元の仏法を覆う基本的構造となる。さらに、修行というのは無限につづくものであるが、無限な修行をつづけるということは、完成がないということであり、その完成がないということは、出発点がすでに完成だということになる。つまり、最初からすでに悟りのいまにいることになって、そこからまた修行が始まる。

一切放下というならば、放下もまた放下せねばならない。捨てることもまた捨てねばならない。この行為は無限の行為である。固定存在、自己同一の有に執着することを嫌って無をいうならば、無へ執着することは矛盾である。無や空がある、存在するということは、言葉の上からだけでも撞着する。有から離れると同様に無からも離れなければならない。無や空は、無をも無にし、空をも空にするという行為以外にはない。この行為は無限行為である。

「尽界にあらゆる尽有は、つらなりながら時時なり」と「有時」にいうが、一切の時空のどこを一つとってみても、すべて完結しており、絶対的な価値をもっている。しかもそれがそれぞれ任意のものとして、無限に連続して、また充実している。そこにはかりそめなどというものは一つもない。しかし、もしそれをかりそめと呼ぶなら、かりそめならぬものは一つもない。

無ではない有限な存在、相対者は、無限なる絶対世界に対することはできない。それは、絶対世界は、その絶対性の故に、相対者に対することはできないからである。これは、論理的にできない。もしも絶対世界が相対者に対するとすれば、その絶対世界は対を絶することにはならないからである。相対者は、自らを絶対否定してはじめて、絶対世界と対しうる。「諸法の仏法なる時節、すなはち迷悟あり、修行あり、生あり死あり、諸仏あり衆生あり」という「現成公案」の世界は、差別の相対的世界を離れた超絶的絶対世界というようなものではない。諸法を離れた単なる超越的な絶対者はあり得ず、相対を単に超越したような絶対者、相対に対する絶対は、真の絶対とは認めない。差別相対の世界が、そのまま絶対世界とならねばならない。

仏教ではもともと霊魂不滅をいわない。生死を厭って涅槃を求め、彼岸に憧れるということをしてはいけないのであって、「生也全機現、死也全機現」で、いまの人生に徹底せよという。唯今ということを、道元は「而今」と表現する。このいまに無限の過去も未来も、ともにある。それは、単なる概念としていっているのではない。そこには強烈な無常観がある。身心一如と不生不滅を標榜することによって、身体と分かれたかぎりでの魂だけの一方的な不死・不滅論を排斥する道元は、それにもかかわらず「三時業」の考え方を展開する。つまり、現世の行為が現世に結果を及ぼす場合（順現報受）、来世に結果を及ぼす場合（順次生受）、来来世に結果を及ぼす場合（順後次受）である。このような連続性は、行為の歴史性と因果性のことにほかならないが、そのようなことを実証することは、魂の不死を実証することと同様に不可能である。そしてまた、このような行為の因果的連続性を主張するためには、何らかの意味での人格的無限連続性が前提されていなければならない。形式論理上は、不生不滅の立場と業の思想とは矛盾するように見える。しかし、それらは仏教に於ける観点の違い、行為的瞬間と歴史的反省の論理との違いとも考えられ、必ずしも矛盾とはいえない。

（5）神の無限性

世界は有限か無限かという問いに対して、スピノザははっきりと無限であると答える。与えられたものごとの条件、つまり存在理由の系列の完全性、全体性を神という一語で呼んだ。誰もがそれとわかっているこのあるがままの世界を、まず神と呼んだのである。世界とは神であり、その他に何もない。そして、それは無限であるということである。スピノザは、「すべての在るものは神の内に在る、そして神なしには何ものも在り得ず、また理解もされない」ということを導き出す。有限であるということは、ある本性の存在の部分的否定であり、無限であるということはその絶対的肯定であるから、実体たるものはすべて無限でなければならない。有限のもつ否定性は「何であれ本性の存在の絶対的肯定」を必然的に無限なものとして措定する。この絶対性は存在の全体を包含し、その積極的統一性は、自己の外にある一切の実体を排除する。外というものがそもそも思考不可能な、それゆえに無限かつ唯一な世界がある。それが「唯一」であり「無限」ということである。それはあるということのすべてであり、それを他にしてはいかなる在るということも存在しない。真に無限なるものが神であり、この神だけが超越的でなく内在的な起成因となる。無限なるものは存在し、人間は無限性を認識できる。

スピノザは、「神とは、絶対に無限なる実有、言い換えれば、おのおのが永遠・無限なる本質を表現する無限に多くの属性から成り立っている実体、と解する」という。デカルトにあっては、神は完全性とか、永遠無限な存在者として捉えられているが、スピノザでは、この世界を創造主でもなければ、その世界を外から見ている超越者でもない。その完全性、無限性は、神の特性を示しているだけである。西洋の世界のそれまでの主要な哲学や宗教では、神はこの世界の創造者として世界を超越している存在者であった。しかし、スピノザの世界像では、神とは自然世界全体の別名にほかならず、世界を超越してはいない。世界とは神即自然の一元的な全体であり、神は無限であり、無数の属性を持つ。

スピノザは、精神のうちに一つの根源的直観を実現すべく勧めるが、この直観こそわれわれを存在そのものの肯定、つまり、そのなかでこそ存在し実在しようとする絶対的力と本質の無限な豊饒さとが、同じ一つの実在のなかで与えられるような肯定へと導く。スピノザにとっては、そのような存在以外にはなく、この必然的ないし即自的存在こそが、すべてのものの根底となっている。デカルトが神に付与した「自己原因」という積極的概念から出発して、幾何学の様式で証明される。あらゆる類に於ける絶対的無限者から出発して、存在論的論証の上にそれを確立しようとした。それは、悟性作用によって、実体の本質を開示する属性の定義を用いることによって行われる。そして可逆的交互作用を欠いたそれら異質の属性のうちでただ二つ、思惟と延長が認識される。無限の存在のもつ二つの面を恒久的で可逆的な相関関係において表す思惟と延長の共通の源は神である。

スピノザにとって、延長の原理は思惟の原理と同様、神的本性でしかあり得ない。しかし、無限な延長の唯一の源と、相互に画定されるものへのその分割とを区別しなければならない。人間のほうからすれば「人間は思惟する」という事実は無限の思惟能力から様態として生じる。この帰結として、人間精神は神の無限の悟性の一部である。「絶対的思惟」の一面に過ぎない無限の悟性、またはその様態の表現である。それは能産的自然ではなく、所産的自然である。この絶対的無限の自然を前提にしなければ、人間は存在することも、歴史の主体として生産的に活動することもできない。われわれがある事物の観念を持つなら、その事物は別の事物をその原因として伴うので、われわれは原因の観念を持つ。われわれは、有限の事物のそれぞれに繋がる無限の連続の中にある有限の原因それぞれを知覚するということになる。無限知性は、無限に多くの関連の連鎖からできており、そのどの部分をとっても前提から結論へという繋がり方をする。だから神はどの連結部でも、帰結観念を前提観念の位置で理解し、その観念対象を知覚している。それがしかじかの理解だということ自体を、「観念の観念」の系列上で知覚している。無限知性も一つの様態であるということによって、われわれの知性がこの無限知性に十全に一致するということである。しかし、われわれは神のすべてを認識するわけではない。

二　永　遠

(1)　永遠とは

一切は無常であり、すべては変化のただなかにある。人類だけがその例外というわけにはいかない。個人の死が必然であるのと同様に、人類も自然から生まれたものであるから、やがては死滅しなければならない。そればかりか地球もこの宇宙でさえもが寿命をもつものであり、永遠ではあり得ない。宇宙の死滅は科学的にも必然と考えられている。

一方で、個体は死んでも、種のレベルから見れば、繁殖のシステムにより、遺伝子として絶えることなくつづいていく。その意味では永遠に、死んだり壊れたりすることはない。地球が誕生する以前から、宇宙にはガスとか星雲とかエネルギーがあったし、その巨大なエネルギーが、生物と無生物の区別すら超えて、永遠の命に繋がっているという考え方もできる。その永遠の生命という観点からすれば、人間の一人の命が生まれようが、なくなろうが、なんということはないのかもしれない。死ぬべくして生まれ、生まれるべくして死ぬ。生と死を超えて永遠につづくものがある、ともいえる。

永遠について、いくつかの考え方を挙げることができる。一つは、時間のなかでの限りなさとしての永遠、次に真理や法則のような抽象的・普遍的なことの無時間性としての永遠、さらに、神・絶対者のようなものを想定した場合の無時間性も永遠である。

プラトンは、個々の具体的な存在の背後に、その範型となる移ろわぬイデアを考えた。アリストテレスは、大地から最も遠い存在として、恒星を煌めかせながら永遠に運動する第一の天界を挙げた。彼は、動かされないで動かすあるもの、不動の動者があり、これは永遠的なものであり、実体であり、現実態であるとした。キリスト教の神も、すべてのものを創造する永遠の存在であった。

ハイデッガーは、デカルト的な思考の源泉は、中世スコラ哲学や、その理論的源泉となったプラトン、アリストテレスの存在論にあると見た。そして批判したのは、変化することなく永遠に同一的なものとして留まりつづける実体が、存在するあらゆるものの根底にあるという発想の下にアリストテレスがその存在観を造り上げたということだった。イデアや神に由来する宇宙全体の目的論的な秩序を想定する世界観と、測定可能な物体の外的な形状と空間的運動にだけ注目する近代的なそれとは異質であるように見えるし、両者には隔絶がある。しかし、ハイデッガーからすれば、両者は永遠不変の実体を核として宇宙が構成され、存在者が位置づけられるという見方を共有する。

さらに、ハイデッガーは、キルケゴールの「不安の概念」で提起された「瞬間的体験」に、時間の拘束を逃れているがゆえの永遠に実存論的な意味を付与したが、「瞬間」を神の永遠との合一に結びつけるキリスト教的な考察の延長にあるものとしてそれを受け容れず、瞬間的体験を導くものについて、より普遍的な射程をもつ議論をしようとした。存在が、刻一刻のいま・ここだけの生起にすぎぬとすれば当然、現実を生きることができるのは、刻一刻のいま・ここだけである。この一瞬ですべてに立ち会ったことになる。一瞬、一瞬の出会いがどれもこれも、永遠に唯一一回切りであり、どの瞬間の出会いも、初回にして最終回ということになる。つまり、瞬間に生きるそのさなかに、永遠の瞬間の甘露を味わう。陶酔の刹那、そのときに死を超える境地にも立つ。後世をたのみ死後の世界に永遠や天国を想定する古い宗教を捨て、唯一のリアリティとしてのいまこの瞬間の現実世界に根を下ろすことになる。

永遠なものは存在しないのではなく、存在する。それゆえ永遠なものについて、「あった」とも「あるだろう」とも言えず、ただ「ある」とのみ語りうる。つまり「ある」という現在に於いて全体としてある。「ある」とのみ語りうる永遠性は現在としての永遠性である。ウィトゲンシュタインも次のようにいう。「人が永遠性を無限な時間持続としてではなく、無時間性として理解するならば、現在のうちに生きる者は永遠に生きる。われわれの視野が限界をもたないように、われわれの生は終わりをもたない」。

ニーチェにとって、永遠化されたものは永遠化しないものばかりであった。おそらく真理とは、刹那にしか顕現しない何かなのである。彼が永劫回帰の霊感に襲われた体験は、彼の真理体験であっただろうが、それは言葉を超えて全身を揺さぶる体験であった。それは、最高の自己集中によって永遠の円環運動へ踏み出すその瞬間こそ、永劫回帰の恐怖をも超えて、一切を肯定するに足るだけの体験を宿した瞬間である。善の根拠そのものが存在せず、何をもって「よい」といえばよいか分からず、それゆえ、何かと何かを比べてどちらが「よい」とも言えない。それ故、表面上どんなに変化があるように見えても、本当は何も変わらず、同じことの繰り返しだというのが永遠回帰の思想であった。永遠回帰は単なる　物理学的宇宙論なのではなく、ニヒリズムの果てに現れる「聖なる虚言」、すなわちこれまでとはまったく異なった新しい価値創造の原理でなければならなかった。

ニーチェは、この永遠の人生を無条件に愛することを迫る。彼にとって重要なのは、あの世に於ける永遠の生命ではなく、この世の生、いやまさに、この「瞬間」である。存在は生成であり、優れて「瞬間」である。しかし、瞬間は無常であり、はかなく過ぎ去る。そのようにはかない瞬間を彼は肯定し、体験した。それは、生と呼ばれるに相応しい永遠に力あるもの、満ち溢れるもの、しかし、その充溢ゆえに苦悩するもの、産むものの苦しみを苦しむものでもあった。「たった一度でも、われわれの魂が幸福のあまり弦のようにふるえ、音を発したことがあったとすれば、この一つの出来事を条件付ける為に、永遠が必要であった」。たった一度でも本当に魂が震えたことがあるなら、その人生は生きるに値する。われわれにとって重要なのは現実を逃避して無時間の領域に入り、生と死から解放されて永遠に幸福になることではなく、生成と変化の世界に於いて死と向かい合って創造的な仕事に携わることであった。われわれの一生は、有限な瞬間である。しかし、この有限な瞬間を創造的に生きることは、いわば、一瞬を運命的な永遠に変容することである。この瞬間に於ける存在をそのまま肯定し、それをあるがままに愛するというのが、彼のいう運命愛であった。

(2)　無限なるいのち

無常を正視するとき、覚醒という転換の瞬間を生きることになる。ブッダとは、覚醒した人であった。無常そのものになり切っていくとき、絶えず固定化を解体していくような開かれた生動的「般若の智」が発現する。「人生は絶えず死に脅かされているはかないものである。しかしそのはかなさ脆さに人生そのものの強さがある。人間が一回だけしか生きることができないで、われわれの一歩一歩がわれわれ自身の徹底的否定である死に向かって運ばれているというところに、人生のもつすべての光沢や強さが懸かっているのである」と九鬼周造はいう。悲哀を跳び越えてやすらぎへの近道をとってはならない。死を見つめ、知らなくてはならない。

無常観は仏教の前提であるが、釈迦の死後、具体的には各個人の真実として体験される涅槃や菩提が、個人を離れてしだいに宇宙に遍満する真実であると考えられるようになった。大乗仏教では法身という概念が生まれた。「法華経」では、釈迦の肉親は滅びたが、不滅の真理のもと、それと一体となった釈迦の本身つまり法身は滅びないと考え、釈迦は永遠に生きて説法していると解釈した。これを逆にして、釈迦は不滅の真理・法身のもと、本来は永遠なる存在であるが、人々を救うために、自らこの世に化身したと見なした。信仰厚き人間に対しては、いつもすがたを現す仏、そういう永遠の仏こそ釈迦である、という見方が生まれる。仏とは本来、悟りを開いた人の意味であったが、それがここでは久遠の本仏として、永遠化・実体化への道を歩むことになり、初期般若経典を中心とする立場とは、微妙にずれていく。

「法華経」には久遠実成の仏陀が、「華厳経」には蓮華蔵世界の毘盧舎那仏が存在する。しかし、そうした永遠の仏は存在しても、この個としての自己自身が、そうした絶対的な存在とどう関わるのかという問いに経典は答えない。しかるに、密教は法身と自己とを相応させる入我我入の合一体験を説いた。法身なる絶対的存在をその絶対性のままに自己の内面に於いて体験し、その体験によって自己が真実のものとなるのを直観する。現象界には生滅変化が限りなく繰り返されているが、それを貫いている究極の本源は不生であり、したがって不滅であるところの、永遠存在である。この永遠存在を象徴する語を法身大日如来が発しているとされる。この大日如来が永遠に発しているのが、マントラである。マントラは文字言語の象徴化といわれるが、象徴するものが自己の外部に存在するのではなくて、象徴されるなにものかがあるからこそ、そのものは象徴の意味をもつ。したがって、内在的な体験によって媒介されなければ、それは単なる記号に過ぎなくなってしまう。

このように、無常の現実がそのまま真実であり、生命に輝く絶対の宇宙法界のすがたであると考えられ、そこでは、無限の生命、宇宙に漲る不思議な生命の輝きが自覚されるとした。わがいのちのなかに世界があり、世界の中にわがいのちがある。瞬時の生命を無限に豊かに、無限に深く輝かせる永遠の荘厳世界。「華厳経」でも、菩提心を発する時、永遠の時間が一瞬におさまり、一瞬が永遠の時間を包む。だから一瞬を知ることによって、無限の過去・現在・未来を知ることができる。ここでは空の思想は保存されてはいるが、著しく空の肯定面が強くなって、空の否定の側面を遙かに超えてしまっている。

こうした永遠論は、永遠の仏を語る法華経や密教だけでなく、浄土教にもある。過去世の誓願に報われて人々の救済に現れる仏とか菩薩が報身で、四十八願の結果この世に出現したとされるのが阿弥陀如来だが、自力を捨てて阿弥陀仏を信じまかせきる信心の人は、その信心の起こったそのときに、もう阿弥陀仏の摂取の光圏の中に入る。それゆえ、浄土はもはや遠い死後の世界ではなく、信心の人の現在にすでに到来し、現世をいま・ここで包むところの永遠なる根底となる。浄土の真の超越性とは、いま・ここに於けるわれわれの現実の生活を照らし出す生きた力だということであり、いわば、いま・ここに徹しきる、即今・此処・自己を生き抜くときに、そこに如来と一つの生命があり、その意味で不生不滅の世界すなわち永遠に平安の世界がある、ということになる。

(3) 永遠のいま

永遠の世界は、死後の来世に初めて見られるのではなく、真の永遠、絶対浄土は原始経典にも説かれたように、彼此の空間的限定を突破、超越したところにあり、積極的にいえば娑婆世界において浸りうるものであるとされる。単なる日常的時間と見えるものも、見方を変えればきわめて次元の高いものとしてすがたを現す。そのなかにわれわれがいることに気づきさえすれば、すでに永遠の世界に生きていることにもなる。真に永遠なる生は死後になって初めて出てくるような無力なものではなく、いますでにこの現実の中で生きられうるものだという思想は、西洋ではフィヒテなどにも見られる。「私が理性法則に随う決心をするやいなや、私は不死であり、不易であり、永遠である。これから初めてそうなるのではない。超感性世界は未来の世界ではない。それは現在的である。それは有限な現存在のいかなる一点においても、他の一点に於けるよりも現在的ということはあり得ない。幾万年この世に生きてみたところで、今のこの瞬間に於けるよりも、より現在的ではあり得ない」（「人間の運命」）という。そういう意味では、二歳で死んだ子も存在論的には、永遠にわたって生きたのと同等であり、たとえ三兆年間生き続けることができたとしても、存在の意味に変わりはない。

これは、一切が一であり、一が一切であり、一切が一切である世界、相即相入、融通無碍の華厳世界にも比することができる。そこで展開されるのは、壮大なる宇宙哲学であり、永遠と無限の存在論である。いったん覚ってみれば、そこは永遠不変の世界であり、覚者は不生不滅である。覚者も縁起の世界を生きており、その縁起による生滅があるのであるが、その生滅は不生不滅である。それが悟りの世界にほかならない。とすれば、それは、世界を構成している事象はすべて関連し合っている、その縁起に身を任せる世界であり、縁起と一枚になってしまう世界だということになる。そうなると、縁起による生滅に対して、さらに生滅をいわない世界であり、そこにはもはや無常の切実さはない。

道元もまた、一即多、多即一の華厳哲学を学んだが、時間的にはこの刹那に無限を含み込み、永遠の現在に一即多を見、空間的にはこの針の頂きに全宇宙を見る華厳の絶対、永遠無限を容易に受け容れることはできなかった。やはり、人間は死すべきものであり、無常なのである。無常は、時であり変化である。われわれは、徹底して有限であり、死の運命を避けることはできない。まさに、縁起の世界を生きている。気づいてみれば、死の運命というギリギリのところに、いつでも立っていることを骨身に徹して感じる。その結果、いま・ここに生きていることだけがはっきりしており、明日という日に保証などない。それを深く自覚する。たまたまここに生きているのであり、いま・ここでこうやって、あるはずも、出会うはずもないもの同士が、座を、時を同じくしている。まさに刹那生滅。因果の理は科学的方法によってその真偽が実証されうるようなものではない。その真なることを確かめる方法はない。

「唯今」という言葉を道元は「而今」と表現する。現在の一瞬に無限の過去と未来を包摂している。これはただ概念的に考えられるものではなく、行を伴うことによって自ずから生まれた言葉である。この一瞬一瞬を真剣勝負で生きることであり、一瞬一瞬の行為に全存在をかけることであり、その背後には無常観がある。道の真っ直中に生かされているからこそ、修行を要する。すでに道の真っ直中にいるから修行が要らないのではない。修行することがそのまま、道の中に生かされていることなのであった。分かってみれば、それは特別なことではない。そのいまとは、眼横鼻直、眼は横についており、鼻は真っ直ぐについているという、ただそれだけのことでしかない。そもそもの初めから、何も隠されてはいなかった。見たいと望んでいたものは、すべて常時自己の面前にあった。「自受用三昧」というのも、単に主観的に自己の心が浄化され、三昧の状態に入るというのではない。そこに、主観や客観などというものはない。

「永遠のいま」というべきこの「而今」、決して対象化しえない真の「いま」の相続は、言語を離れている。現在に現在が生まれるところには、直線的な時間はない。直線的な時間はあとから仮に構成されたものである。時というのは、実はいま現在しかない。瞬間瞬間が、常にいまの連続である。にもかかわらず、執着や妄想が生まれ、時間の観念が作られる。実体的に執着された我や法はないのはもちろんだが、縁起の関係に於いていわれる無数の因子がいろいろな条件の下で離合集散を繰り返す五蘊（色・受・想・行・識）も、同じように何らかの反省の場に於いて成立するものに過ぎない。人はいずれ死なねばならぬが、人間の生存はもともと、空なるものを実存と執する転倒によって支えられており、それゆえにこそ死は、素朴には断滅と見なされるがゆえに、それを反転することによって、そこに輪廻が現れた。断滅も輪廻も本来同根であり、その限りに於いて両者ともに「顛倒夢想」であるともいえる。

死ぬ時には死ぬのがよい。それは「生也全機現、死也全機現」に繋がる。永遠に平和な国土は、壊するときは壊するところにあった。決して長遠の時間を誇るところにあったのではない。死ぬ時には死ぬ、壊する時には壊するというのは、「いま」に徹しきるということであり、即今・此処を、自己を生き抜くことで生まれる世界を表している。それが「永遠のいま」なのである。「永遠のいま」「永遠のいのち」とはいっても、それがどこかにあるというのではなくて、いままさにいのちは死に面している。そのいのちを最上に燃焼させるとき、そこにいうほんとうの永遠が現成してくる。一方では法性というようなことをいいながら、死の影を決して忘れているわけではない。

無常を徹底することによって永遠が到来する。その永遠は時間の外にあるのではなく、時間のなかにある。仏は生死の外にあるのではない。生死のなかにある。永遠が時となり、時が永遠となる。その瞬間が道元の言葉では「時節到来の時」であり、「恁麼の時」であり、「身心脱落」の時である。発菩提心とは、仏法を知り信ずることであるが、それは刹那生滅の道理を知り、信受することである。刹那生滅とは流転生死することが一瞬も留まらないということであり、無常ということである。この無常の身心において発菩提心することは刹那生滅に於いて可能であったが、発菩提心することは刹那生滅を超える、ほとけの永遠のいのちを得ることになる。過ぎ去っていく一瞬、一瞬がすべて永遠を宿すならば、時間は単なる無常の流れではなくなる。

現象としては動いているのだが、ダイナミックに動いていることが永遠に変わらない、といってもよい。あるいは、否定し続けることが、あたかも肯定のように見えるともいえる。自己が死すべきものである、自分が永遠に死へ向けた存在であるということを切実に知っていることで、永遠の死を超えた意識がそこに生まれる。われわれは、われわれの自己が徹底して無であることを自覚することによって、初めて自己を生かしているものに、あるいはわれわれの存在を支えているもの、われわれが生かされている根源的生命に出会う。そのことを通して、自己の無を超える、ともいえる。西田幾多郎は、「死とは、自己が永遠に無に入ることである。是故に、自己は一度的である。自己は唯一的である。個である。而も自己自身の死を知ることは、死を超えることである」と言っている。ここで、永遠とは、時間がずっとつづくことなのではなく、時間を超えていること、あるいは時間が存在しないことであった。ここにいう死は、少なくとも直線的な時間を前提とした上での無としての死ではない。

(4) 永遠の相の下に

われわれは、永遠というと初めも終わりもない無限の時間を考えてしまうけれども、スピノザの永遠とはそんなものではなかった。彼のいう永遠性とは、「存在が永遠なるものの定義のみから必然的に出てくると考えられる限り、存在そのもの」のことであり、このような存在は、ものの本質と同様に永遠の真理と考えられ、そしてそれゆえに持続や時間によっては説明され得ない。表象的観点からは永遠性は見えない。必然性には以前も以後もない。だから必然的にかく存在することと考えられる限り、事物がいまこんなふうにあることが、永遠である。われわれには、永遠性や無限性を知る精神の眼が具わっており、永遠の相の下で真理を洞察しうるという。

何かが、現実に存在するのは、いつも「いま」である。スピノザが「必然的に出てくると考えられる限りでは」と言っているのは、常に「いま・ここに」という仕方でしか指すことのできない現実的でリアルな存在のことである。現実に常に「いま」起こっている。それも別様では決してあり得ない唯一の現実として。スピノザの永遠は、無限に長く存在し続けることでも、フリーズした無時間的世界でもない。いま現に存在していることが永遠である。事物を必然と見ること、それが「永遠の相の下に」見ることである。そのとき、われわれのこの現実が、いわばリアル・タイムに永遠であることが見えてくる。

スピノザは、「この私」に比類なき存在を神の本性の必然性によって理解する。死のうとどうなろうと、神が神でなくならない以上、私が私でなくなることはない。私はこの、時間によって説明され得ない私の存在の永遠真理があることを知り、その真理を神のなかで表現する観念が自分であると知っている。永遠の相の下での自己を、絶えず自ら意識し、その意識とともに当然自己の始源である神を意識し、さらには所産的自然の諸々のものについて神の内在を意識しながら生きるとき、その意識こそ「身体とともに完全には破壊され得ずして、そのなかに永遠なるあるものが」残る。「永遠なる何ものかが残る」というのは、死によって消去され得ない私に関する必然性があるということである。永遠性は時間によって規定され得ず、時間とは何らの関係も有し得ないからである。しかしそれにもかかわらず、われわれはわれわれの永遠であることを感じかつ経験する。なぜなら精神は、知性によって理解する事柄を、想起する事柄と同等に感ずるからである。つまり、物を見かつ観察するところの精神の眼がとりもなおさずわれわれが永遠であることの証明なのである、という。事物を永遠の相の下に認識する人は、自分を絶対的に肯定する愛を、世界にも自分にも感じる。自分というものが唯一であることと神が唯一であることとは同じ比類なき必然性で結ばれているという、目の眩むような栄誉を感じる。

永遠とはいっても、死後に永久に残るという意味ではない。永遠とは、スピノザにとって無限に長い持続のことでもないし、また時間や持続によって説明される概念でもない。むしろそれは、時間との関連からいえば、時間をもたない、あるいは無時間ということを表している。精神が直観知において味わう最高の喜びは、精神がその原因としての神の観念を伴った喜びである。この喜びがスピノザの哲学において「神への知的愛」である。彼は愛を定義して「外部の原因の観念を伴った喜び」だという。神は、自分の目前にあるかのように想像される神である。永遠であると認識する限りの神への愛である。

「神即自然」とスピノザがいうとき、彼の念頭にあったのは、「諸々のもの」自体が神ではなく、自然を自然にする能産的自然を神と見たのである。その神の存在を「諸々のもの」に見抜き直観する。永遠を知らない者には神は見えない。時間に溺れる者にはいのちの大切さは分からない。いまここに、こういうすがたで生きているということ、そしてそのいま在る自己のすがたは、その神、つまりは能産的自然のいのちのはたらきをもち、そこから自己のはたらきのすべてが産み出され、現象しているのだということである。実体と名づけられたものは、もしそんなものがあるとすれば、必然的にその類において唯一であり、自己原因的であり、永遠かつ無限であるとしか考えられない。それを、神と呼んでいる。

生きる努力として固執する「自己の有」とは、そもそも神によって与えられた永遠の相の下での自己のことであり、持続のもとでの自己はその現象形態にすぎなかった。属性とは、ああこれは実体だ、それ自身で考えねばならぬ何かだ、と察知できる具体的な手掛かりのことだった。われわれは、属性ごとに、実体がどんなものでなければならないかを見いだした。実体はどの属性の下でも、永遠・無限で唯一なるものとして現れた。

永遠の相の下で見ている限り、その真理空間の下では、これはそうであって、それ以外にはありえない、という観念をもっている。その必然性は、神の永遠の本性の必然性であった。

このわれわれの個的・特異的な本質は、刹那的なものではない。本質は永遠である。ただし、この本質の永遠性は後から訪れるのではなく、持続に於ける現実の存在と厳密に同時にあり、それと共存している。われわれが生きて存在している間に、そうした自己触発的な変様に達することが多ければ多いほど、われわれはたとえその存在を失っても、死に、あるいは苦しみさえしても、それによって失うものは少なくなる。

確かに、持続は永遠と対立する。永遠には始まりなどないし、この永遠という言葉は一定不変の、まったき活動力能を有するものについていわれるからである。しかし永遠は、無際限の持続でもなければ、この持続の後に（死後、来世において）始まる何かでもない。そういう意味では、永遠は持続と共存している。

スピノザは、人間が不幸を感じるのは、多くの変転に従属するもの、われわれの決して確実に所有し得ないものに対する過度の愛から起こるという。愛するがゆえに心配し、悩まされる。神即自然、そしてその永遠性に対する明瞭判然たる認識は、受動たる限りに於いての諸感情を絶対的に除去し得ないまでも、少なくとも、それらの感情が精神の極小部分を構成させることができる。結果として、永遠なるもの、われわれの確実に認め得るものに対する愛が生ずる。この愛は、ますます大となるし、精神の最大部分を専有して広汎なる影響を精神に与え得る。そして、そのことによって、その能動的な喜びの情動は、それを導いた十全な観念をもって、永遠の様態の上で互いに他をおのずから表現することになるのである。

参考文献

一　東洋思想・日本思想関連

道元「正法眼蔵」寺田透・水野弥穂子校注、岩波日本思想大系、一九七二
「正法眼蔵」水野弥穂子校注、岩波文庫、一九九〇
「正法眼蔵」河村孝道校訂・註釈、春秋社、一九九一
「正法眼蔵」玉城康四郎現代語訳、大蔵出版、一九九三
「正法眼蔵　読解」森本和夫、ちくま学芸文庫、二〇〇五
梅原猛・高崎直道「古仏のまねび　道元」角川書店、一九六九
秋月龍珉「道元入門」講談社現代新書、一九七〇
寺田透「道元の言語宇宙」岩波書店、一九七四
森本和夫「道元とサルトル」講談社現代新書、一九七四
「道元を読む」春秋社、一九八二
「デリダから道元へ」ちくま学芸文庫、一九九九
鏡島元隆・玉城康四郎編集「道元思想の特徴」春秋社、一九八〇
袴谷憲昭「本覚思想批判」大蔵出版、一九八九
松本史朗「縁起と空」大蔵出版、一九八九
「禅思想の批判的研究」大蔵出版、一九九四
「道元思想論」大蔵出版、二〇〇〇
有福孝岳「道元の世界」大阪書籍、一九八五
「『正法眼蔵』の心」日本放送出版協会、一九九四

春日佑芳「道元とウィトゲンシュタイン」ぺりかん社、一九八九
「道元　正法眼蔵の言語ゲーム」ぺりかん社、一九九二
門脇佳吉「道の形而上学　芭蕉・道元・イエス」岩波書店、一九九〇
「正法眼蔵参究」岩波書店、二〇〇八
近松良之「法華経と逆読正法眼蔵」東方出版、一九九二
岩田慶治「道元との対話」講談社、一九九五
玉城康四郎「道元」（上・下）春秋社、一九九六
倉澤幸久「道元思想の展開」春秋社、二〇〇〇
黒崎宏「ウィトゲンシュタインから道元へ」哲学書房、二〇〇三
頼住光子「道元」NHK出版、二〇〇五
「道元の思想」日本放送出版協会、二〇一一
竹村牧男「良寛の詩と道元禅」大蔵出版、一九七八
栗田勇「道元の読み方」祥伝社、一九八四
松本章男「道元の和歌」中公新書、二〇〇五
ブッダ「スッタニパータ」中村元訳、岩波文庫、一九五八
「真理のことば・感興のことば」中村元訳、岩波文庫、一九七八
鎌田茂雄「仏陀の観たもの」講談社学術文庫、一九七七
中村元「自己の探求」青土社、一九八〇
「原始仏教」日本放送出版協会、一九八三
馬場紀寿「初期仏教」岩波新書、二〇一八
三枝充悳「縁起の思想」春秋社、二〇〇〇
定方晟「法と無我」講談社現代新書、一九九〇
佐々木現順「業の思想」第三文明社、一九八〇

小森龍邦「業・宿業観の再生」解放出版社、一九八六
副島正光「大乗仏教の思想」清水書院、一九九六
梶山雄一「般若経」中公新書、一九七六
黒崎宏「純粋仏教」春秋社、二〇〇五
「理性の限界内の般若心経」春秋社、二〇〇七
中村元・紀野一義「般若心経・金剛般若経」訳註、岩波文庫、一九六〇
紀野一義「般若心経講義」PHP研究所、一九八三
平田精耕「一切は空　般若心経」集英社、一九八三
秋月龍珉「般若心経の智慧」永岡書店、一九八八
松原泰道「わたしの般若心経」祥伝社、一九九一
宮元啓一「般若心経とは何か」春秋社、二〇〇四
梶山雄一・上山春平「空の論理〈中観〉」角川書店、一九六九
矢島羊吉「空の哲学」日本放送出版協会、一九八三
立川武蔵「空の思想史」講談社学術文庫、二〇〇三
「空の構造」第三文明社、一九八六
鎌田茂雄・上山春平「無限の世界観〈華厳〉」角川書店、一九六九
龍樹「中論」三枝充悳訳、第三文明社、一九八四
服部正明・上山春平「認識と超越〈唯識〉」角川書店、一九七〇
岡野守也「仏教深層心理の世界」日本放送出版協会、一九九七
竹村牧男「唯識の構造」春秋社、一九八五
「覚りと空」講談社現代新書、一九九二
高崎直道「仏性とは何か」法蔵館、一九九七
馬鳴「大乗起信論」宇井伯寿・高崎直道訳、岩波文庫、一九九四

谷貞志『〈無常〉の哲学』春秋社、一九九六
坂本幸男・岩本裕『法華経』訳註、岩波文庫、一九六七
田村芳朗『法華経』中公新書、一九六九
紀野一義『『法華経』を読む』講談社現代新書、一九八三
立川武蔵『ヨーガと浄土』講談社選書、二〇〇八
植木雅俊『仏教、本当の教え』中公新書、二〇一一
森三樹三郎『老荘と仏教』講談社学術文庫、二〇〇三
吉川幸次郎『杜甫ノート』新潮文庫、一九五四
鎌田茂雄『中国の禅』講談社学術文庫、一九八〇
入矢義高『自己と超越』岩波現代文庫、二〇一二
最澄『顕戒論』安藤俊雄・薗田香融校注、岩波日本思想大系、一九七四
空海『秘密曼荼羅十住心論』川崎庸之校注、岩波日本思想大系、一九七五
松長有慶『秘密の庫を開く　密教経典』集英社、一九八四
　『密教』岩波新書、一九九一
立川武蔵『最澄と空海』講談社選書、一九九八
村上保壽『空海のこころの風景』小学館新書、二〇一二
篠原資明『空海と日本思想』岩波新書、二〇一二
竹内信夫『空海の思想』ちくま新書、二〇一四
相良亨『日本人の死生観』ぺりかん社、一九八四
廣松渉・吉田宏晳『仏教と事的世界観』朝日出版社、一九七九
吉田宏晳『仏教の真・善・美・聖』朝日出版社、一九八〇
末木文美士『日本仏教思想史論考』大蔵出版、一九九三
　『仏教　言葉の思想史』岩波書店、一九九六

梅原猛「地獄の思想」中公新書、一九六七
「仏教の思想」（上・下）角川書店、一九八〇
唐木順三「無常」筑摩叢書、一九六五
「禅と自然」法蔵選書、一九八一
磯部忠正「無常の構造」講談社現代新書、一九七六
河野太通「〈無常のいのち〉を生きる」春秋社、二〇〇七
柳田聖山「禅思想」中公新書、一九七五
「禅と日本文化」講談社学術文庫、一九八五
西平直「無心のダイナミズム」岩波書店、二〇一四
南直哉「日常生活の中の禅」講談社選書、二〇〇一
「問いから始まる仏教」佼成出版社、二〇〇四
藤田一照・伊藤比呂美「禅の教室」中公新書、二〇一六
山折哲雄「仏教とは何か」中公新書、一九九三
「悪と往生」中公新書、二〇〇〇
法然「選択本願念仏集」「一枚起請文」大橋俊雄校注、岩波日本思想大系、一九七一
町田宗鳳「法然対明恵」講談社選書、一九九八
阿満利麿「法然の衝撃」ちくま学芸文庫、二〇〇五
親鸞「教行信証」星野元豊・石田充之・家永三郎校注、岩波日本思想大系、一九七一
唯円「歎異抄」金子大栄校訂、岩波文庫、一九三一
大河内了義「自然の復権」毎日新聞社、一九八五
山崎龍明「仏教の再生」毎日新聞社、一九八四
「歎異抄の人間像」大蔵出版、一九九一
吉本隆明「最後の親鸞」春秋社、一九七六

「信の構造」春秋社、一九八三
今村仁司「親鸞と学的精神」岩波書店、二〇〇九
伊藤益「親鸞」集英社新書、二〇〇一
大峯顕「蓮如のラディカリズム」法蔵館、一九九八
大隅和雄・中尾堯編「日本仏教史　中世」吉川弘文館、一九九八
菊地章太「儒教・仏教・道教」講談社選書、二〇〇八
和歌森太郎「修験道史研究」平凡社、一九七二
久保田展弘「修験道・実践宗教の世界」新潮選書、一九八八
「さまよう死生観」文春新書、二〇〇四
白隠「夜船閑話」村木弘昌評釈、春秋社、二〇〇三
直木公彦「白隠禅師」日本教文社、一九五五
芳澤勝弘・松井孝典・合原一幸「白隠禅師の不思議な世界」ウエッジ、二〇〇八
鎌田東二「身体の宇宙誌」講談社学術文庫、一九九四
「神と仏の出逢う国」角川選書、二〇〇九
湯浅泰雄「身体」創文社、一九七七
「『気』とは何か」日本放送出版協会、一九九一
井筒俊彦「意識と本質」岩波書店、一九八三
山崎正一「幻想と悟り」朝日出版社、一九七七
長崎浩「日本人のニヒリズム」作品社、一九九二
大嶋仁「こころの変遷」Z会選書、一九九七
篠田達明「戦国武将の死生観」新潮選書、二〇〇八
竹内整一「日本思想の基層」春秋社、二〇〇四
「花びらは散る花は散らない」角川選書、二〇一一

野内良三「偶然を生きる思想」日本放送出版協会、二〇〇八
「偶然から読み解く日本文化」大修館、二〇一〇
末木文美士「他者・死者・私」岩波書店、二〇〇七
斎藤慶典「東洋哲学の根本問題」講談社選書、二〇一八
高橋たか子「意識と存在の謎」講談社現代新書、一九九六
藤森明「日本武道の理念と事理」東洋出版、二〇一七
清水博「生命知としての場の論理」中公新書、一九九六
井上ウイマラ「呼吸を感じるエクササイズ」岩波アクティブ新書、二〇〇四
千葉敦子「よく死ぬことはよく生きることだ」文春文庫、一九九〇
阿部容子「死の受容」講談社、一九九二
立川昭二「生老病死」新潮社、一九九八
岩田慶治「死をふくむ風景」日本放送出版協会、二〇〇〇
芹沢俊介「死のありか」晶文社、二〇〇四
養老孟司「死の壁」新潮新書、二〇〇四
本川達雄「おまけの人生」阪急コミュニケーションズ、二〇〇五
岡田勝明「自己を生きる」世界思想社、二〇一一

二　哲学関連

スピノザ「エチカ」畠中尚志訳、岩波文庫、一九五一
「知性改善論」畠中尚志訳、岩波文庫、一九六八
「デカルトの哲学原理」畠中尚志訳、岩波文庫、一九五九
「神学・政治論」畠中尚志訳、岩波文庫、一九四四
「国家論」畠中尚志訳、岩波文庫、一九四〇

「スピノザ書簡集」畠中尚志訳、岩波文庫、一九八五
「神・人間及び人間の幸福に関する短論文」畠中尚志訳、岩波文庫、一九五五
工藤喜作「スピノザ哲学研究」東海大学出版会、一九七二
ドゥルーズ「スピノザ　実践の哲学」鈴木雅大訳、平凡社、二〇〇二
上野修「スピノザの世界」講談社新書、二〇〇五
「スピノザ『神学政治論』を読む」ちくま学芸文庫、二〇一四
河合徳治「スピノザ『エチカ』」晃洋書房、二〇一一
國分功一郎「スピノザの方法」みすず書房、二〇一一
「エチカ」日本放送協会、二〇一八
ジャン＝クレ・マルタン「フェルメールとスピノザ」杉村昌昭訳、以文社、二〇一一
マシュー・スチュアート「宮廷人と異端者」桜井直文・朝倉友海訳、書肆心水、二〇一一
チャールズ・ジャレット「知の教科書　スピノザ」石垣憲一訳、講談社選書、二〇一五
岩崎武雄「西洋哲学史」有斐閣、一九五二
伊藤邦武「物語　哲学の歴史」中公新書、二〇一二
酒井潔「自我の哲学史」講談社現代新書、二〇〇五
大橋良介「時はいつ美となるか」中公新書、一九八四
「日本的なもの、ヨーロッパ的なもの」講談社学術文庫、二〇〇九
山下正男「植物と哲学」中公新書、一九七七
桑子敏雄「感性の哲学」日本放送出版協会、二〇〇一
デカルト「方法序説」落合太郎訳、岩波文庫、一九六七
「省察」桝田啓三郎訳、角川文庫、一九六六
「哲学原理」桂壽一訳、岩波文庫、一九六四
野田又夫「デカルトとその時代」筑摩叢書、一九七一

桂壽一「デカルト哲学とその発展」東京大学出版会、一九六六
ジュヌヴィエーヴ・ロディスールイス「デカルトと合理主義」白水社、一九六七
小林道夫「デカルトの自然哲学」岩波書店、一九九六
「科学と世界と心の哲学」中公新書、二〇〇九
清水純一「ルネサンスの偉大と頽廃」岩波新書、一九七二
ブルーノ「無限、宇宙および諸世界について」清水純一訳、岩波文庫、一九八二
ガリレオ・ガリレイ「天文対話」青木靖三訳、岩波文庫、一九五九
パスカル「パンセ」津田穣訳、新潮文庫、一九五三
中村雄二郎「パスカルとその時代」東大出版会、一九六五
カント「純粋理性批判」篠田英雄訳、岩波文庫、一九六二
岩崎武雄「カント」勁草書房、一九五八
ジャン・ラクロア「カント哲学」木田元・渡辺昭造訳、白水社、一九七二
キルケゴール「不安の概念」斎藤信治訳、岩波文庫、一九七九
ニーチェ「悲劇の誕生」西尾幹二訳、中公文庫、一九七四
「善悪の彼岸」竹山道雄訳、新潮文庫、一九五四
「ツアトウストラはこう言った」氷上英廣訳、岩波文庫、一九七〇
山崎庸佑「生きる根拠の哲学」第三文明社、一九八一
「ニーチェ」講談社学術文庫、一九九六
三島憲一「ニーチェ」岩波新書、一九八七
湯田豊「ニーチェと仏教」世界聖典刊行協会、一九八七
貫成人「ニーチェ」青灯社、二〇〇七
中島義道「ニーチェ」河出書房新社、二〇一三
マッハ「感覚の分析」須藤吾之助・廣松渉訳、法政大学出版局、一九七一

「認識の分析」廣松渉・加藤尚武訳、法政大学出版局、一九七一
ベルクソン「創造的進化」真方敬道訳、岩波文庫、一九六一
澤瀉久敬「哲学と科学」日本放送出版協会、一九六七
「ベルクソンの科学論」中公文庫、一九七九
新田義弘「現象学」岩波全書、一九七八
フッサール「イデーンI」渡辺二郎訳、みすず書房、一九七九
「デカルト的省察」浜渦辰二訳、二〇〇一
「ヨーロッパ諸学の危機と超越論的現象学」細谷恒夫・木田元訳、中公文庫、一九九五
ハイデッガー「存在と時間」細谷貞雄・亀井裕・船橋弘訳、理想社、一九六四
原佑「ハイデッガー」勁草書房、一九五八
新井恵雄「ハイデッガー」清水書院、一九七〇
渡辺二郎「ニヒリズム」東京大学出版会、一九七五
「内面性の現象学」勁草書房、一九七八
古東哲明「〈在る〉ことの不思議」勁草書房、一九九二
「瞬間を生きる哲学」筑摩選書、二〇一一
市倉宏祐「ハイデッガーとサルトルと詩人たち」日本放送出版協会、一九九七
北川東子「ハイデッガー」NHK出版、二〇〇二
仲正昌樹「『存在と時間』を読む」講談社現代新書、二〇一五
西田幾多郎「全集」岩波書店、一九四七・二〇〇三
竹内良知「西田哲学と行為的直観」農文協、一九九二
上田閑照「経験と自覚」岩波書店、一九九四
小坂国継「西洋の哲学・東洋の思想」講談社、二〇〇八
新田義弘「現代の問いとしての西田哲学」岩波書店、一九九八

中村雄二郎『西田幾多郎』Ⅰ Ⅱ、岩波現代文庫、二〇〇一
永岡花子『絶対無の哲学』世界思想社、二〇〇二
竹村牧男『西田幾多郎と仏教』大東出版社、二〇〇二
檜垣立哉『西田幾多郎の生命哲学』講談社現代新書、二〇〇五
小林敏明『西田哲学を開く』岩波現代文庫、二〇一三
九鬼周造『『いき』の構造』岩波文庫、一九七九
『偶然性の問題』岩波文庫、二〇一二
安田武・多田道太郎『『「いき」の構造』を読む』朝日選書、一九七九
藤田正勝『九鬼周造』講談社選書、二〇一六
ウィトゲンシュタイン『論理哲学論考』奥雅博訳、大修館、一九七五
黒崎宏『ウィトゲンシュタインの生涯と哲学』勁草書房、一九八〇
鬼界彰夫『ウィトゲンシュタインはこう考えた』講談社現代新書、二〇〇三
中村昇『小林秀雄とウィトゲンシュタイン』春風社、二〇〇七
山内志朗『〈つまずき〉のなかの哲学』ＮＨＫ出版、二〇〇七
滝浦静雄『時間』岩波新書、一九七六
レヴィナス『実存から実存者へ』西谷修訳、朝日出版社、一九八七
『全体性と無限』合田正人訳、国文社、一九八九
斎藤慶典『フッサール　起源への哲学』講談社選書、二〇〇二
『レヴィナス　無起源からの思考』講談社選書、二〇〇五
小泉義之『レヴィナス』ＮＨＫ出版、二〇〇三
メルロ＝ポンティ『行動の構造』滝浦静雄・木田元訳、みすず書房、一九六四
『眼と精神』滝浦静雄・木田元訳、みすず書房、一九六六
『知覚の現象学』竹内芳郎・小木貞孝訳、みすず書房、一九六九

廣松渉・港道隆「メルロ＝ポンティ」岩波書店、一九八三
市川浩「精神としての身体」勁草書房、一九七五
　「身体論集成」岩波現代文庫、二〇〇一
菅孝行「関係としての身体」れんが書房、一九八一
足立和浩「人間と意味の解体」勁草書房、一九七八
岩田靖夫「いま哲学とは何か」岩波新書、二〇〇八
　「よく生きる」ちくま新書、二〇〇五
木村敏「時間と自己」中公新書、一九八二
　「自分ということ」第三文明社、一九八二
浜田寿美男「私とは何か」講談社現代選書、一九九九
　「私をめぐる冒険」洋泉社、二〇〇五
上田閑照「私とは何か」岩波新書、二〇〇〇
大庭健「私はどうして私なのか」岩波現代文庫、二〇〇九
永井均「私の存在の比類なさ」講談社学術文庫、二〇一〇
石田春夫「自己不安の構造」講談社現代新書、一九八一
橋爪大三郎「心はあるか」ちくま新書、二〇〇三
野矢茂樹「心と他者」勁草書房、一九九五
　「哲学の謎」講談社現代新書、一九九六
丸山圭三郎「言葉と無意識」講談社現代新書、一九八七
坂本賢三「『分ける』こと『わかる』こと」講談社現代新書、一九八二
大庭健「善と悪」岩波新書、二〇〇六
諸富祥彦「人生に意味はあるか」講談社現代新書、二〇〇五
木田元「偶然性と運命」岩波新書、二〇〇七

檜垣立哉「賭博・偶然の哲学」河出書房新社、二〇〇八
竹内啓「偶然とは何か」岩波新書、二〇一〇
三浦俊彦「可能世界の存在論」勁草書房、一九九五
東浩紀・大澤真幸「自由を考える」日本放送出版協会、二〇〇三
佐伯啓思「自由とは何か」講談社現代新書、二〇〇四
「死と生」新潮新書、二〇一八
岸本英夫「死を見つめる心」講談社文庫、一九七三
松浪信三郎「死の思索」岩波新書、一九八三
村上陽一郎「生と死への眼差し」青土社、一九九三
西部邁「死生論」日本文芸社、一九九四
小浜逸郎「癒しとしての死の哲学」王国社、一九九六
広井良典「死生観を問い直す」ちくま新書、二〇〇一
木村競「演習・死の哲学」トランスビュー、二〇〇二
斎藤慶典「死の話をしよう」PHP研究所、二〇一五
森岡正博「生命観を問い直す」ちくま新書、一九九四
渋谷治美「逆説のニヒリズム」花伝社、一九九四
廣松渉「世界の共同主観的存在構造」勁草書房、一九七二
「存在と意味」岩波書店、一九八二
橋本大三郎・大澤真幸「不思議なキリスト教」講談社現代新書、二〇一一
大嶋仁「ユダヤ人の思考法」ちくま新書、一九九九
市川裕「ユダヤ人とユダヤ教」岩波新書、二〇一九

三 自然科学関連

モノー「偶然と必然」渡辺格・村上光彦訳、一九七二
ドーキンス「盲目の時計職人」日高敏隆訳、早川書房、二〇〇四
ポーキングホーン「世界・科学・信仰」小林徹郎・松本武三訳、みすず書房、一九八七
グリック「カオス」大貫昌子訳、新潮文庫、一九九一
ホーキング「宇宙を語る」林一訳、早川書房、一九八九
バロー「宇宙のたくらみ」菅谷暁訳、みすず書房、二〇〇三
レイドラー「宇宙はなぜ美しいのか」寺嶋英志訳、青土社、二〇〇五
青木薫「宇宙はなぜこのような宇宙なのか」講談社現代新書、二〇一三
池内了「宇宙論と神」集英社新書、二〇一四
佐藤勝彦「ますます眠れなくなる宇宙のはなし」宝島社、二〇一七
戸谷友則「宇宙の『果て』に何があるのか」講談社、二〇一八
三田一郎「科学者はなぜ神を信じるのか」講談社、二〇一八
松田卓也・二間瀬敏史「時間の本質」講談社現代新書、一九九〇
橋爪淳一郎「時間はどこで生まれたか」集英社新書、二〇〇六
三木成夫「生命とリズム」河出文庫、二〇一三
松井孝典「生命はどこから来たのか」文春新書、二〇一三
田辺靖一「アポトーシスとは何か」講談社現代新書、一九九六
「遺伝子の夢」日本放送出版協会、一九九七
柳澤桂子「われわれはなぜ死ぬのか」草思社、一九九七
岩井寛・松岡正剛「生と死の境界線」講談社、一九八八
ダマシオ「無意識の脳　自己意識の脳」田中三彦訳、講談社、二〇〇三
「感じる脳」ダイヤモンド社、田中三彦訳、二〇〇五

「デカルトの誤り」田中三彦訳、ちくま学芸文庫、二〇一〇
茂木健一郎「脳と仮想」新潮文庫、二〇〇七
前野隆司「脳はなぜ『心』をもったか」ちくま文庫、二〇一〇
渡辺正峰「脳の意識・機械の意識」中公新書、二〇一七
下條信輔「サブリミナル・マインド」中公新書、一九九六
山鳥重「ヒトはなぜことばが使えるのか」講談社現代新書、一九九八
「〈意識〉とは何だろうか」講談社現代新書、一九九九
櫻井武「『こころ』はいかにして生まれるのか」講談社、二〇一八
馬場禮子「こころの管制」朝日出版社、一九八一
池見酉次郎・弟子丸泰仙「セルフコントロールと禅」日本放送出版協会、一九八一
平井富雄「自己催眠術」光文社文庫、一九八九
「禅と精神医学」講談社学術文庫、一九九〇
武田専「精神分析と仏教」新潮選書、一九九〇
町沢静夫「ボーダーラインの心の病理」創元社、一九九〇
河合隼雄「イメージの心理学」青土社、一九九一

あとがき

還暦を過ぎてから五年間に考えたことを、ごく短いあいだにまとめた。全体として未だ行き届いたものになっていないことは承知しているが、心臓に病を抱えていることもあり、いま思いついたことはどういうかたちであれ残しておかないと、せっかくのヒントが無駄になってしまうのではないかという思いがある。まだまだ、気力はあるつもりなのだが、焦りのようなものがないとはいえない。

長年、心のおもむくままに渉猟してきたものから得ることも多かったが、さらにその先に、あれこれと想念が広がっていくということもある。すぐに納得のいく答えが見つかるわけではない。それでもなかなか答えにたどり着けない問いを問いつづけている。ある意味では、一瞬一瞬が問いに直結する賭けであり、一発勝負の連続であるといえる。しかし結局は、問いに答えが明確に出るかどうかよりも、そこに向かって自らを絶えず開いておくということが大切なのではないかと思っている。

われわれにとって生滅無常が時間のあらわなすがたであり、人間は死すべきものとしての運命を避けることはできない。その死について誰もが知っているにもかかわらず、誰もが確実には知らない。誰もが知らず決して知ることのできない死は、謎であるともいえる。だからこそ、それはいろいろなことに気づかせてくれる。何よりもわれわれは汲めども尽きぬ豊かさをもつ大いなる自然を生きているのであり、自然をわれわれの側から見るというよりも、自然そのものから見ようとすることで、われわれはわれわれの内的必然性に従って自在に、そして自然そのものを生きることができるようになるのではないだろうか。

言い残していることは多く、あとどれほどのことができるのかわからないものの、こうして一つのくぎりをつけることができたのはありがたいことだと感じている。書物を通じてのご教導も含めてこれまでお世話になった方々に、そして前著につづき出版をこころよくお引き受けいただいた大学教育出版の佐藤守社長に、厚くお礼を申し上げる。さらに、拙い思考作業をしずかに見守ってくれた妻・喜久代、愚かな父をいつも励ましつづけてくれる長女・悠子に感謝の意を表したい。

二〇一九年六月二一日

著者

■著者紹介

藤本　成男　（ふじもと　しげお）

1953 年　兵庫県生まれ
1978 年　岡山大学法文学部哲学科卒業
1999 年　兵庫教育大学大学院学校教育研究科修士課程修了

著書
「日本的ニヒリズムの行方 ― 正法眼蔵と武田泰淳」（大学教育出版）

大いなる自然を生きる
エチカと正法眼蔵をめぐって

2019 年 7 月 26 日　初版第 1 刷発行

■著　　者――藤本成男
■発 行 者――佐藤　守
■発 行 所――株式会社 大学教育出版
〒 700-0953　岡山市南区西市 855-4
電話（086）244-1268　FAX（086）246-0294
■印刷製本――モリモト印刷 ㈱

日本音楽著作権協会（出）許諾第 1901834-901 号
ISBN978－4－86692－038－2